Bendiciones

PARA CADA DÍA

REBECCA CURRINGTON

≈CASA PROMESA

Una división de Barbour Publishing, Inc.

Desarrollo editorial: Semantics, P.O. Box 290186,
Nashville, TN 37229, semantics01@comcast.net

Escrito y compilado: Rebecca Currington, Debbie Kubik Evert, Shanna
Gregor y Carol Smith en asociación con Snapdragon Group™ Editorial
Services

Publicado por Barbour Publishing, Inc., P. O. Box 719, Uhrichsville,
Ohio 44683.

*Nuestra misión es publicar y distribuir productos inspiradores que
ofrezcan valor excepcional y motivación bíblica al público.*

 Member of the
Evangelical Christian
Publishers Association

Impreso en China.

Contenido

Toda buena dádiva y todo don perfecto desciende de lo alto, del Padre de las luces, en el cual no hay mudanza, ni sombra de variación.

Santiago 1:17

Introducción

Las bendiciones son regalos de Dios para nosotros: pequeñas o grandes, las produce el rebose de su gran amor. Mayormente las reconocemos cuando incluyen el alivio de una enfermedad o una provisión económica para una necesidad crítica; pero somos dados a dar por hecho la luz del sol que ilumina nuestros días y eleva nuestro espíritu, el afecto de los amigos y de la familia, la bondad de los extraños. *Bendiciones diarias* fue creado con el propósito de abrir tus ojos a las bendiciones que te rodean, de animarte a disfrutar de la bondad de nuestro asombroso Dios. Es nuestra oración que, según avances por estas páginas, puedas ver la mano de Dios en cada aspecto de tu vida, llenándote de bondad, esperanza, gozo y paz.

Capacidades

Teniendo diferentes dones, según la
gracia que nos es dada.

ROMANOS 12:6

Dios ha bendecido a cada persona —a todas
y cada una— con algún don o capacidad
con la que servir a otros y dar gloria a su
nombre. Algunas capacidades son obvias —
brillan con luz propia ante todo el mundo—,
pero otras funcionan por debajo del radar.
Incluyen cosas como la capacidad de orar
eficazmente, amar a los que nadie ama, o
escuchar con atención. Pide a Dios que abra
tus ojos a tus capacidades especiales. Son
bendiciones de Dios para ti.

No descuides el don que hay
en ti... Ocúpate en estas
cosas; permanece en ellas,
para que tu aprovechamiento
sea manifiesto a todos.

1 Timoteo 4:14-15

La mayoría de las veces la Biblia se
refiere a las capacidades humanas como
dones porque se nos dan para que las
demos otra vez. Si tienes el don de cantar,
Dios espera que fortalezcas y pulas ese
don y lo uses para enriquecer las vidas de
otros. Si te ha sido dada la capacidad de
llegar a los niños, extiende ese don a cada
niño que conozcas. A medida que uses
tus dones para bendecir a otros, serás la
persona más bendecida de todas.

Abundancia

Alegraos y gozaos en Jehová vuestro Dios;
porque os ha dado la primera lluvia a su
tiempo, y hará descender sobre vosotros
lluvia temprana y tardía como al principio.

JOEL 2:23

Como seres humanos, estamos limitados en
lo que podemos proveer para aquellos a los que
amamos; nuestros recursos, tanto materiales
como emocionales, son finitos. Pero Dios no
tiene límites. Él bendice a sus hijos mucho
más allá de nuestro entendimiento. Él hace
algo más que sólo derramar sus bendiciones
sobre nosotros, pues nos envía lluvias
abundantes de bendición en cada
estación de nuestras vidas. Tú eres una
mujer rica, y cuando veas todo lo que
Dios ha provisto para ti, no querrás
salirte de la lluvia.

Gracia y paz os sean multiplicadas.

I PEDRO 1:2

A medida que ves las bendiciones de Dios
rodeando tu vida, cierra tus ojos y mira
igualmente en tu interior. Dios también
te ha provisto de gracia y paz abundantes.
La gracia que te permite ser quien
eres genuinamente y la paz de saber
que Dios te acepta tal y como eres. Las
mujeres son personas maravillosamente
emocionales, las guardadoras de la vida
interior. Si tus lugares interiores están
oscuros y vacíos, invita a Dios a llenarlos
para que su bondad se desborde.

Aceptación

[Dios] nos escogió en él antes de la
fundación del mundo... según el puro
afecto de su voluntad, para alabanza
de la gloria de su gracia, con la cual
nos hizo aceptos en el Amado.

EFESIOS 1:4-6

Puede que nunca recibas la aceptación
total y la aprobación de las personas que
hay en tu vida, pero Dios ya te ha dado su
aprobación, su aceptación. Él te escogió.
Piensa en esto: ¡el Dios Todopoderoso te
escogió! Nadie le obligó, su motivo no fue
la pena, sino que la Biblia dice que Él te
creó y dijo que su obra era "buena". Él está
orgulloso del "tú" que ha hecho, y le mueve
su amor por ti: así tal y como eres.

Recibíos los unos a los otros,
como también Cristo nos recibió,
para gloria de Dios.

Al igual que Dios te ha aceptado, Él te pide que aceptes a otros. Eso no significa que debas aceptar sus comportamientos aberrantes o mantener tu boca cerrada cuando veas a personas hacer cosas que no deberían. Aceptar a otros significa apreciar que cada persona fue creada por Dios y Él les ama, y por esa razón son valiosas. Al amar a Dios, debes amar a quien Él ama y aceptar a quien Él acepta. Esa es la única respuesta adecuada a un Creador tan grande.

Logro

Árbol de vida es el deseo cumplido.

PROVERBIOS 13:12

¡Eres una mujer afortunada! Vives en
una época en que las mujeres pueden
lograr todo lo que se propongan hacer.
¿Aún quedan obstáculos? Claro, pero nada
que no puedas superar. Dios te ha dado
algo especial para hacer en este mundo,
y lo sabrás por el deseo que sientas muy
dentro de ti. Pídele a Dios que te guíe, que
te conceda su sabiduría, gracia y fuerza,
y luego lánzate por ello. Nada se puede
comparar con el gozo de lograr la
voluntad de Dios para tu vida.

> Encomienda a Jehová tus obras,
> y tus pensamientos serán afirmados.

PROVERBIOS 16:3

Cualquier cosa que Dios te haya llamado a lograr en tu vida, Él no te ha llamado para lograrlo sola. Él está siempre ahí, proveyendo los recursos que necesites para llevarlo a cabo. Eso no significa que no tropezarás durante el camino o que no encontrarás dificultades. Lo que sí significa es que puedes pedir el consejo y los recursos del Dios Todopoderoso para ayudarte. Ya sea que necesites sabiduría, inspiración, confianza, fortaleza o tan sólo tenacidad, encontrarás la respuesta en Él.

Ambición

Estad firmes y constantes, creciendo
en la obra del Señor siempre,
sabiendo que vuestro trabajo
en el Señor no es en vano.

1 Corintios 15:58

Definida en términos sencillos, ambición
significa determinación a tener éxito.
Es algo positivo; de hecho, esencial para
lograr la voluntad y el propósito de Dios
para tu vida. Te ayuda a mirar más allá de
los obstáculos que hay en tu camino —edad,
salud, educación, falta de finanzas, etc.—
para ver el premio que te espera al otro
lado. Dios quiere que seas decidida, incluso
ambiciosa. Él te ha dado esa motivación
interior para ayudarte a terminar la tarea
que Él te ha asignado. ¡Dale gracias por ello!

Nada hagáis por contienda o por
vanagloria; antes bien con humildad,
estimando cada uno a los demás
como superiores a él mismo.

FILIPENSES 2:3

La ambición es una característica
positiva, siempre que no comience a
conquistar tu vida. ¿Estás persiguiendo sus
metas —aun metas que Dios te ha dado— a
costa de otros? A causa de tener el control,
la ambición puede que te haga hacer cosas
que de otra forma no harías. Dios espera
que emparejes tu ambición con la bondad,
ya que sólo entonces estarás logrando
verdaderamente la voluntad de Él para ti, y
sólo entonces cumplirás verdaderamente
los deseos que Él ha puesto en tu corazón.

Apariencia

Vuestro atavío no sea el externo de peinados ostentosos, de adornos de oro o de vestidos lujosos, sino el interno, el del corazón, en el incorruptible ornato de un espíritu afable y apacible, que es de grande estima delante de Dios.

1 Pedro 3:3-4

La mayoría de las mujeres se preocupan de su apariencia. Por eso llevan espejos en el bolso y compran miles de millones de dólares en maquillaje cada año. No hay nada malo en cuidar la apariencia siempre y cuando te acuerdes también de arreglar y acicalar tu interior. Dios quiere que tu belleza sea más profunda que tu piel. Él quiere que llegue hasta el corazón. Trabaja para ser tan plenamente hermosa como fuiste creada para ser.

Porque Jehová no mira lo que mira el hombre; pues el hombre mira lo que está delante de sus ojos, pero Jehová mira el corazón.

1 Samuel 16:7

Cuando Dios te mira, Él ve una mujer hermosa, un templo digno de su Espíritu. Él ve tu virtuosa vida y tus buenas actitudes. Él ve una persona cuyo corazón ha sido limpiado y totalmente sometido a su voluntad y propósito. Él ve una belleza que a menudo otros no ven. Él ve una belleza interior que trasciende cualquier característica física, sea buena o mala. Dios te ve como realmente eres.

Armadura de Dios

Vestíos de toda la armadura de Dios,
para que podáis estar firmes contra
las asechanzas del diablo.

Efesios 6:11

Es una buena idea que cada mujer tome
unas clases básicas de defensa personal
para protegerse en este mundo lleno de
depredadores. Una mujer sabia aprenderá
también a defenderse espiritualmente. Dios
te ha provisto de toda una armadura con
este fin: verdad, justicia, paz, fe y salvación.
Llévalos dondequiera que vayas, porque
tienes un enemigo que quiere quitarte todo
lo que tienes. Mantente preparada para
resistirle y derrotarle.

Porque no tenemos lucha contra sangre y carne, sino contra principados, contra potestades, contra los gobernadores de las tinieblas de este siglo, contra huestes espirituales de maldad en las regiones celestes.

EFESIOS 6:12

En el reino de Dios, las mujeres están llamadas a ser guerreras. Junto a sus hermanos cristianos, se les pide que peleen contra las fuerzas del mal que intentan destruir las vidas humanas e impedir que conozcan a su Creador. Esta es una batalla que se libra en la esfera de lo espiritual contra un enemigo que sabemos que está ahí pero que no podemos ver. Ponte tu armadura espiritual y pídele a Dios que te indique dónde está tu puesto en la lucha; y después: ¡ir por la victoria!

Seguridad

Mi carne y mi corazón desfallecen;
mas la roca de mi corazón y mi
porción es Dios para siempre.

SALMO 73:26

Por naturaleza, una mujer necesita
seguridad: la confirmación de que es
lo suficientemente guapa, inteligente,
agradable. Dios quiere que sepas: "¡eres
más que suficiente!" Él está complacido
contigo, y quiere que estés segura de
que Él siempre estará ahí para ayudarte.
No tienes que temer que Él se vaya a
cansar de ti, a perder su interés y
abandonarte, porque eres preciosa
para Él, independientemente
de tu edad, tu condición,
tus circunstancias. Eres
importante para Él.

Y el que nos confirma con vosotros
en Cristo, y el que nos ungió, es
Dios, el cual también nos ha sellado,
y nos ha dado las arras del Espíritu en
nuestros corazones.

2 Corintios 1:21-22

La última vez que compraste una casa
o un auto, o pediste un crédito, ¿te lo
autorizaron? Te sentiste bien, ¿no es
cierto? En un sentido real, has sido
autorizada para el reino de Dios. Él te
ha dado su Palabra y te dio el sello de su
promesa eterna. Le perteneces, y Él está
totalmente comprometido a ayudarte a
convertirte en todo aquello para lo que
fuiste creada. Puedes darle la espalda, es
cierto, pero Él nunca te dará su espalda a ti.

Actitud

Y renovaos en el espíritu de vuestra
mente [teniendo una actitud espiritual
y mental fresca].

EFESIOS 4:23

Tu actitud puede afectar a tu nivel de
felicidad sustancialmente. Es cierto. Cuando
tu mente es asaltada diariamente por "los
malos pensamientos" —cosas como, "no
soy lo suficientemente buena", "Nadie me
ama", "Nunca alcanzaré mis sueños"—, es
muy difícil ser feliz. Por el contrario, cuando
piensas en cosas buenas —cosas de Dios—,
tu nivel de felicidad aumentará. ¡Inténtalo!
"Dios me ama", "Dios está siempre a mi
lado cuidándome", "Dios me ha hecho
una vencedora". Esto marcará una gran
diferencia.

Despojaos del viejo hombre, que está viciado conforme a los deseos engañosos, y renovaos en el espíritu de vuestra mente, y vestíos del nuevo hombre, creado según Dios en la justicia y santidad de la verdad.

EFESIOS 4:22-24

La clave para una gran actitud es elevarte por encima de tus viejos patrones de pensamiento y comenzar a pensar como Dios piensa. La Biblia dice que no podemos tener los pensamientos de Dios, porque son demasiado altos y santos; pero puedes pensar como Dios, elevando tu mente y tu vista para enfocarte en lo bueno, lo justo, lo santo, en cómo ayudar y animar a otros, en formas de expresar tu agradecimiento. Una actitud es simplemente una respuesta a lo que ves; mantén tu mente sintonizada en lo bueno.

Creencia

Porque es necesario que el que se
acerca a Dios crea que le hay, y que es
galardonador de los que le buscan.

HEBREOS 11:6

La creencia es una de esas cosas que no
se pueden ver físicamente, pero aún así
lo tienes. Por ejemplo, crees que una silla
te sostendrá cuando te sientes en ella. No
puedes explicar la física de eso, pero te
sientas creyendo que hará lo que se supone
que deba hacer. La creencia en Dios es igual.
Confías en que Él hará lo que dijo que haría.
La Biblia, su palabra escrita, está
llena de esas promesas.

En el último y gran día de la fiesta,
Jesús se puso en pie y alzó la voz,
diciendo: Si alguno tiene sed, venga
a mí y beba. El que cree en mí, como
dice la Escritura, de su interior
correrán ríos de agua viva.

JUAN 7:37-38

¿Has estado alguna vez tan sedienta
que nada podía saciar tu sed? Estás
desesperada por encontrar una
resolución, intentas todo lo que está a tu
alcance, incluso pruebas con sucedáneos,
pero son sólo eso: un sustituto de lo
auténtico. A veces no estamos sedientas
sólo físicamente, sino que tenemos ese
tipo de sed profunda en nuestra alma.
Estás buscando algo en tu vida que sacie
completamente tu alma reseca. Jesús dijo
que sólo Él puede satisfacer ese tipo de sed.
Él está ahí, no esperes, porque Él puede
llenar tu vida hasta rebosar.

Biblia

Lámpara es a mis pies tu palabra,
y lumbrera a mi camino.

SALMO 119:105

Ojalá la vida viniera con un manual de instrucciones, te habrás dicho alguna vez. Ayuda para cuando no sabes qué hacer. La Biblia está llena de historias de personas comunes y corrientes que pasaron por problemas y triunfos, dolor y gozo. A diferencia de las historias que vemos hoy en la televisión, no todas las historias tienen un final feliz. La gente vio las consecuencias de sus acciones erróneas. A través de todo ello, Dios enciende una luz para nuestro camino hoy.

La palabra de Dios es viva y eficaz, y
más cortante que toda espada de dos
filos; y penetra hasta partir el alma y el
espíritu, las coyunturas y los tuétanos,
y discierne los pensamientos y las
intenciones del corazón.

HEBREOS 4:12

La Biblia es la carta de amor de Dios para
ti. No es esa boba novela romántica que
encuentras en los grandes almacenes. Los
personajes de esas historias sólo se ofrecen
entre ellos un amor condicional, pero el
amor de Dios es incondicional. Desde las
primeras palabras en el libro de Génesis,
donde Dios creó los cielos y la tierra, Él te
está comunicando su amor. Es la carta de
amor que siempre has anhelado leer. Ábrela
y compruébelo por ti misma.

Cargas

Jesús dijo: Venid a mí todos los que
estáis trabajados y cargados,
y yo os haré descansar.

MATEO 11:28

Cansada. Cargada. Necesito descanso.
Estas palabras son como un apunte
repetitivo en el diario de cada mujer. La
mayoría de las mujeres sienten que se han
ganado el derecho a estar cargadas. ¿Qué
otra cosa sino cansancio podrían tener
con todo lo que tienen que hacer? Jesús
dijo que Él daría descanso a los que están
cansados, que Él aliviaría nuestras
cargas. Toma las cargas una por
una y entrégaselas a Él, y luego
descansa en la paz de que Jesús
tiene nuestras vidas en la
palma de su mano.

Sobrellevad los unos las cargas
de los otros, y cumplid
así la ley de Cristo.

GÁLATAS 6:2

¿Has visto el tamaño de las mochilas de los niños últimamente? Sus espaldas se curvan con el peso de los libros, cuadernos y "cosas". Los niños llevan esas mochilas todo el día en sus cansados hombros, y sienten alivio cuando sueltan las pesadas mochilas en casa. Las cargas que tú llevas cada día podrían estar causando que tus hombros se encorven. Lleva esas preocupaciones y cargas a Dios, ya que Él ha prometido aliviar tu carga poniendo su hombro junto al tuyo.

Reto

Porque Jehová el Señor me ayudará,
por tanto no me avergoncé; por eso
puse mi rostro como un pedernal, y
sé que no seré avergonzado.

Isaías 50:7

La vida está llena de retos. Aunque
algunos son cortos, otros duran toda
una vida. ¿Qué te mantiene decidida y
motivada? ¿Buscas la ayuda de otros o
prefieres caminar sola? Toma el enfoque de
una niña pequeña ante estos retos. Cuando
ella comienza a andar, da los pasitos de uno
en uno, con ayuda de un adulto o de algún
mueble. Finalmente, camina por sí sola.
Con la ayuda de Dios, toma los retos de la
vida de uno en uno.

Corramos con paciencia la carrera
que tenemos por delante, puestos
los ojos en Jesús, el autor y
consumador de la fe.

HEBREOS 12:1-2

¿Alguna vez te has cansado de los retos
de la vida? ¿Desearías poder vivir una
vida libre de preocupaciones y predecible?
Aunque eso no es posible, sí puedes tener
una perspectiva diferente de los retos
que salen a tu encuentro. La Biblia dice
que encontraremos obstáculos en esta
vida. Después de todo, este mundo no es
nuestro hogar, sino tan sólo una residencia
temporal. No obstante, mientras estamos
aquí, Dios prometió su presencia, amor y
consuelo. Él caminará a tu lado y te dará
la fuerza para vencer cualquier cosa que
encuentres en tu camino.

Cambio

Jesucristo es el mismo ayer,
y hoy, y por los siglos.

HEBREOS 13:8

Tu horario fluctúa de día en día, y tu
calendario así lo demuestra. Hace décadas,
la vida era casi todos los días lo mismo,
especialmente para las mujeres. La mayoría
de lo que hacíamos era para los demás: la
iglesia y grandes comidas familiares los
domingos, lavar los lunes, planchar los
martes, etc. ¿No estás contenta de vivir en
una época donde puedes experimentar
cosas nuevas cada día? Si buscas
uniformidad, mira a Jesús. Su
carácter amoroso nunca cambia.
Él era, es, y será.

Si alguno está en Cristo, nueva
criatura es; las cosas viejas pasaron;
he aquí todas son hechas nuevas.

2 Corintios 5:17

La mariposa monarca comienza la vida
como un lento gusano. Con el trascurrir del
tiempo, se hace un capullo y finalmente se
transforma en una hermosa mariposa.
De forma similar, venimos a Cristo
con el potencial de ser unas hermosas
mariposas. Por medio de los retos y los
acontecimientos normales de la vida,
pasamos por una metamorfosis espiritual
y nos convertimos en nuevas criaturas.
Somos libres para volar y ser aquello
para lo que Dios nos creó. Su intención
para ti es belleza y gracia. Confía en Él para
tu metamorfosis.

Carácter

Encaminará a los humildes
por el juicio, y enseñará
a los mansos su carrera.

SALMO 25:9

La frase "Dime con quién andas y te diré
quién eres" es cierta independientemente
de con quién andemos. También es cierta
cuando es con Dios con quien pasas tiempo.
A medida que descansas en su presencia,
lees sus palabras en la Biblia, y hablas con
Él sobre todos los asuntos de tu vida, no
puedes impedir el incorporar algunas de
sus características. Él es paz, y tú te vuelves
más tranquila. Él es bueno, y tú recibes su
bondad. Todo se trata de la compañía que
tengas.

En pureza, en ciencia, en
longanimidad, en bondad, en el
Espíritu Santo, en amor sincero.

2 Corintios 6:6

El carácter se ha definido como lo
que uno es. Es la esencia misma de una
persona. La Biblia habla mucho sobre el
carácter de Dios y usa frases como "Dios
es amor", "Dios es compasivo", "Dios es
misericordioso". Sus acciones muestran
su carácter. Cuando pertenecemos a
Dios, reflejamos su carácter: somos
amables, amorosas, bondadosas,
compasivas. Nuestras acciones y
comportamiento reflejan ese carácter:
amamos, cuidamos, servimos.

Caridad

El que tiene misericordia de los pobres es bienaventurado.

PROVERBIOS 14:21

Seguramente te encuentres con gente necesitada casi cada día. Ya sea que tengan hambre, o estén heridas, la Biblia dice que demos de la abundancia del amor que hemos recibido de Dios. Él obrará a través de ti cuando sirvas comida a los que están hambrientos, des ropa a los que necesiten abrigo, ofrezcas esperanza a los que no la tengan. Puedes servirles con palabras amables y buenas obras. Servir a los necesitados es una bendición en sí mismo, pero conlleva una bonificación: la recompensa eterna de Dios.

Y respondiendo el Rey, les dirá:
De cierto os digo que en cuanto lo
hicisteis a uno de estos mis hermanos
más pequeños, a mí lo hicisteis.

MATEO 25:40

¿Qué harías si Jesús llegara a tu casa para
cenar? Aunque puede que estuvieras
nerviosa, Él querría que fueras tú
misma, que le sirvieras como lo
harías con cualquier otro huésped.
Seguro que le darías lo mejor que
tuvieras, de la abundancia que Él te ha
provisto. No importaría lo que sirvieras,
Él se deleitaría en tus esfuerzos por
agradarle. Jesús se agrada cuando
sirves a otros como le servirías a Él.

Niños

Y si alguno de vosotros tiene falta
de sabiduría, pídala a Dios, el cual
da a todos abundantemente y sin
reproche, y le será dada.

SANTIAGO 1:5

Puedes leer libros y pedir consejo a otros
para educar a tus hijos, ¿pero cómo puedes
estar segura de que lo que estás haciendo
es lo mejor para ellos? Al igual que tus
hijos acuden a ti con preguntas, lleva
tus preguntas a Dios, tu Padre celestial.
Ninguna pregunta es demasiado pequeña
o grande, no le vas a confundir, porque
Él les conoce tanto a ti como a tus hijos
íntimamente. A fin de cuentas, Él los ha
creado a todos. Dios es el mejor recurso que
puedes encontrar.

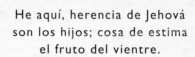

He aquí, herencia de Jehová
son los hijos; cosa de estima
el fruto del vientre.

Salmo 127:3

Si eres madre, sabes lo preciosos que
son tus hijos para ti. Son hueso de tus
huesos y carne de tu carne. No dudarías en
protegerlos con tu propia vida; y deberías,
porque esa es tu tarea. Toma un momento
para recordar que eres hija de Dios, creada
a su imagen. Él dio su vida para salvarte, y
ahora cuida de ti protegiéndote. Tus hijos
son un regalo de Dios para ti, y tú eres el
regalo de Dios para Él mismo.

Elecciones

Y viviréis, y no moriréis.

2 Reyes 18:32

No importa lo buenas —o malas— que hayan sido las elecciones en tu vida, hay realmente tan sólo una elección importante, y es la elección de dónde pasarás la eternidad. Dios te ha dado la voluntad para elegir, y espera que la uses. Debes elegirle a Él —de forma consciente e intencional—, o de lo contrario estarás tomando una elección por defecto, una elección contra Él. La Biblia dice que es un asunto de vida o muerte. Tu libre albedrío es el regalo de Él para ti, ¡úsalo!

Escogeos hoy a quién sirváis...pero yo
y mi casa serviremos a Jehová.

Josué 24:15

Desde las triviales hasta las que cambian nuestra vida, todos los días tomamos decisiones. ¿Te gustaría poder ver el futuro y saber qué rumbo tomará tu vida si tomas esta o la otra decisión? Quizá sea mejor que no tengamos esa opción, pero puedes poner tu confianza en Aquel que lo sabe. Escucha al Señor; escógelo a Él. Cuando lo hagas, será mucho más fácil tomar las decisiones correctas para tu vida.

Consuelo

El que tiene misericordia se apiadará
de ti; al oír la voz de tu clamor
te responderá.

Isaías 30:19

La vida cristiana es difícil, y emotiva.
También lo fue para los discípulos de Jesús.
Jesús sabía que su muerte sería el momento
más emotivo de sus vidas, así que, antes de
que Jesús diera su vida en la cruz, se sentó
con ellos, les explicó que les iba a dejar y
prometió que enviaría otro "Consolador", el
Espíritu Santo. Él ha puesto su Consolador
dentro de ti, y Él escucha todas tus
lágrimas.

Porque las cosas que se escribieron
antes, para nuestra enseñanza se
escribieron, a fin de que por la
paciencia y la consolación de las
Escrituras, tengamos esperanza.

ROMANOS 15:4

Dios te ha dado otro regalo lleno de su amor y consuelo: las santas Escrituras. Cuando leas sobre Noé, Abraham, Jacob, José, Moisés, Ester, Rut, Job, David, Elías, María y Pablo, verás cómo Dios les consoló en sus horas más oscuras. Ciertamente, Él hará lo mismo contigo. Toma aliento mientras lees, y pon tu esperanza en su bondad. Él te consolará, y puedes estar segura de ello.

Compromiso

Sea, pues, perfecto vuestro corazón
para con Jehová nuestro Dios,
andando en sus estatutos
y guardando sus mandamientos,
como en el día de hoy.

1 REYES 8:61

Muchas mujeres tienen problemas con
el compromiso. Su temor al fracaso les
hace entrar y salir de relaciones, trabajos
y obligaciones sin realmente asentarse
nunca en ningún lugar. Comprometer
primeramente tu vida con Dios te ayudará a
comprometerte más tarde con otros.
Dale a Dios tu amor, tu vida, tu
corazón, y pídele que te ayude a
desarrollar tu compromiso poco
a poco. Todo lo demás vendrá
seguido.

Encomienda a Jehová tu camino,
y confía en él; y él hará.

SALMO 37:5

Algunas mujeres no se pueden
comprometer, mientras que otras se
comprometen en exceso. Aunque tus
intenciones sean buenas, puedes
derrumbar toda tu casa de naipes
al intentar hacer malabares con
demasiadas cosas: familia, eventos
sociales, trabajo, tiempo espiritual.
Pronto descubrirás que no tienes tiempo
para ti, estresándote más cada día. Pídele
a Dios que te ayude a equilibrar tus
compromisos de una forma saludable
para ti, y así serás libre para cumplir con
tus compromisos de frente y para llevarlos
a cabo con excelencia.

Compasión

Mas tú, Señor, Dios misericordioso y
clemente, lento para la ira, y grande
en misericordia y verdad.

Salmo 86:15

Dios nunca te pide que hagas algo por
alguien que Él no haya hecho ya por ti.
Puedes mostrar compasión por otros
porque Él te ha mostrado compasión.
Cuando estabas perdida y sola, Él te
encontró. Cuando estabas enferma con el
pecado, Él te perdonó. Cuando tu vida se
derrumbaba, Él estuvo cerca y te consoló.
Cuando anhelabas un nuevo comienzo, Él
abrió el camino delante de ti. Puedes dar de
lo que ya has recibido.

No digas a tu prójimo: Anda,
y vuelve, y mañana te daré,
cuando tienes contigo qué darle.

PROVERBIOS **3:28**

La Biblia nos recuerda que somos las
manos y los pies de Dios. Llevamos su
compasión al mundo que nos rodea.
Qué maravilloso privilegio y
responsabilidad. Pídele a Dios que abra
tus ojos a la gente que te rodea y que
necesita su toque de misericordia, su
amable ánimo, su tierna intervención.
No podrás suplir todas las necesidades
que veas, pero si pides, Él te mostrará
dónde puedes marcar la diferencia. Y
cuando levantas la cabeza de otra persona,
también estás levantando la tuya.

Confianza

En descanso y en reposo seréis salvos;
en quietud y en confianza será
vuestra fortaleza.

Isaías 30:15

La confianza es realmente la callada
seguridad de que tú vales: como empleada,
para sacar tu trabajo adelante, como esposa
y madre, para cuidar de tu familia, como
mujer de Dios, para lograr lo que Él te ha
llamado a hacer. Para algunas mujeres, eso
es fácil, para otras no tanto. Si tu confianza
se queda corta, pídele ayuda a Dios, y Él te
ayudará a desvelar tu verdadero yo: tu
yo más seguro y confiado.

Y tal confianza tenemos mediante
Cristo para con Dios; no que seamos
competentes por nosotros mismos
para pensar algo como de nosotros
mismos, sino que nuestra competencia
proviene de Dios.

2 Corintios 3:4-5

Como hija de Dios, deberías estar
segura de quién eres —no prepotente o
despótica—, una mujer que sabe que es
la hija de un rey grande y poderoso. Obtén
tu confianza de tu relación con tu Padre
celestial; luego vive la vida lidiando con
los retos de uno en uno. No se trata de
ser perfecta, sino de estar segura de en
quién crees y quién eres en Él.

Contentamiento

Más vale un puño lleno con descanso,
que ambos puños llenos con trabajo y
aflicción de espíritu.

Cuando se trata de evaluar tu vida, la
báscula de Dios pesa diferente de la tuya.
Viendo a través de sus ojos, las cosas más
pequeñas pueden aportarte el gozo más
profundo. Cuando aceptas tu vida tal y como
es, puedes dejar a un lado la lucha por lo que
podrías ser o podrías haber sido. Puedes
sentir la bendición del contentamiento de
que, en este momento, tu vida es el lugar de
inicio perfecto para el siguiente paso del
viaje.

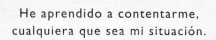

He aprendido a contentarme,
cualquiera que sea mi situación.

FILIPENSES 4:11

Tener lo que quieres, o querer lo que
tienes. Es increíble la diferencia que hay
en el orden de estas simples palabras. Qué
regalo es sentir esa sensación de tener
suficiente, de no querer siempre más, de
creer que Dios te ha dado lo que realmente
necesitas. Cuando hoy te enfoques en las
cosas de tu vida que "no podrías tener de
ninguna otra forma", susurra una oración
de agradecimiento. Respira y deja que este
momento sea completo, por sí solo.

Coraje

Mas tú, Jehová, eres escudo alrededor
de mí; mi gloria, y el que
levanta mi cabeza.

SALMO 3:3

Nunca sabrás dónde aparecerá el coraje
en tu vida, porque nunca sabes lo que
enfrentarás que lo requerirá. Sin embargo,
puedes estar segura de que Dios te dará el
coraje cuando lo necesites. Dios es tanto
tu protección como tu fortaleza, así que
ten la confianza de que cualquier cosa que
enfrentes, no lo harás sola, ya que hoy día
cuentas con recursos tanto de tu
propia alma como del Espíritu que
mora en tu interior.

Jesús dijo: En el mundo tendréis
aflicción; pero confiad,
yo he vencido al mundo.

JUAN 16:33

Mientras vivas en este mundo que puedes ver y tocar, debes recordar que eres también parte de un mundo que sólo se puede conocer a través de la fe. En el mundo físico que te rodea, afrontas desánimo y luchas, sí; pero como ciudadana del reino de los cielos, estás bendecida con un poder mayor: alguien que intercede por ti. Jesús nunca dijo que vivirías sin problemas, pero siempre les recuerda a sus seguidores la victoria que les espera.

Caminar diario

Por tanto, de la manera que habéis
recibido al Señor Jesucristo, andad
en él; arraigados y sobreedificados en
él, y confirmados en la fe, así como
habéis sido enseñados, abundando
en acciones de gracias.

COLOSENSES 2:6-7

Aunque no siempre veas progreso en tu
caminar con Dios, puedes estar segura
de que tus raíces están profundizando.
Bajo la tierra, Dios trabaja en tu fe; cuanto
más tiempo camines con Él, más fuerte
es su abrazo. Llegaste a Él sin nada y
simplemente te rendiste a su amor, y eso es
todo lo que se necesita: sólo la disposición
de seguir caminando con Él y confiando
en que Él está fortaleciendo tus raíces bajo
tierra.

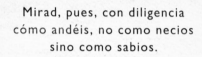

Mirad, pues, con diligencia
cómo andéis, no como necios
sino como sabios.

Efesios 5:15

Al caminar con el Señor cada día, te
enfrentarás a muchas encrucijadas. Dios
abrirá el camino ante ti, pero Él no forzará
tus pasos. Él te ha dado un libre albedrío
con el que decidir los pasos que das,
aunque Él te anima a decidir sabiamente.
La manera más segura de hacerlo es
mantenerte agarrada de su mano siempre.
Él nunca te dejará que te apartes del
camino. Búscale y Él estará ahí.

Decisiones

El corazón del hombre piensa
su camino; mas Jehová
endereza sus pasos.

PROVERBIOS 16:9

Siempre es bueno tener un plan. También
es bueno reconocer que los planes cambian,
y a veces esos desvíos nos llevan a un
camino mejor. Haz tus listas, establece
tus prioridades, perfecciona tus planes
y trabaja en ello, pero en medio de todo,
acuérdate de rendirle todo a Dios. Luego
siéntate y observa lo que tu dispuesto y
preparado corazón puede hacer a la
luz de la dirección de Él.

> Porque ¿quién conoció la mente
> del Señor? ¿Quién le instruirá?
> Mas nosotros tenemos la
> mente de Cristo.

1 CORINTIOS 2:16

Cuando recibes a Cristo, eres espiritualmente regenerada y recibes una manera regenerada de pensar. El Espíritu de Dios establece su hogar en ti, y pasas a tener la mente de Cristo. Dado todo esto, ¿no debería esta vida ser fácil? ¿No deberías saber siempre lo que hacer? No necesariamente. Aún tienes tu propia naturaleza y voluntad, pero también tienes un recurso al que acudir. Al acallar tu alma y aprender a oír la mente de Cristo dentro de ti, el camino se ve con más claridad.

Deseos

El alma de los diligentes
será prosperada.

PROVERBIOS 13:4

Es un hecho que en esta vida no siempre se consigue lo que se quiere. Has estado aprendiendo esta lección desde que tenías dos años y el suelo no estaba muy lejos para agarrar una pataleta. Pero ahora que estás bastante lejos del suelo, tienes que recordar que hay una diferencia entre tener todo lo que quieres y estar satisfecha. Dios no siempre promete satisfacer todos y cada uno de tus antojos, pero si vives tu vida en relación con Él, estarás satisfecha; totalmente satisfecha.

Deléitate asimismo en Jehová,
y él te concederá las peticiones
de tu corazón.

SALMO 37:4

¿Qué desea tu corazón? ¿Cuánto espacio
mental ocupa ese deseo? Las enseñanzas
de la Biblia tratan la ironía de los deseos
de nuestro corazón. Cuando centramos
nuestra atención en Dios, nos ocurren
buenas cosas, incluso esas cosas que más
queremos. Es fácil pensar que deberías
hacer justamente lo contrario: luchar por
lo que quieres. El giro en el plan es que,
cuando te deleitas en Dios, es más fácil que
obtengas los deseos de tu corazón.

Determinación

Pero esforzaos vosotros, y no
desfallezcan vuestras manos, pues hay
recompensa para vuestra obra.

2 Crónicas 15:7

¿Qué es lo que te está amenazando
con hacerte perder tu determinación y
abandonar? Quizá sea el cansancio o el
desánimo, o puede que sean preguntas
engorrosas como: "¿Vale la pena? ¿Acaso
alguien se va a dar cuenta?". La Biblia
promete vez tras vez que tu determinación
será recompensada. Dios ve aunque nadie
más lo haga, y entiende el proceso y
la dificultad. Él estará esperando
en la línea de meta, y tus
esfuerzos en esta vida habrán
valido la pena.

Mantengamos firme, sin fluctuar,
la profesión de nuestra esperanza,
porque fiel es el que prometió.

HEBREOS 10:23

No se ve mucha fidelidad a nuestro
alrededor hoy día. La gente hace promesas,
pero las circunstancias cambian. La
vida gira y da vueltas, pero Dios
es fiel, y las promesas que Él ha
hecho, las mantendrá. No siempre
sabes cómo y cuándo, y a veces la vida
te puede encaminar mal al hacerte
pensar que ya no tienes esperanza. Pero
si estás determinada a permanecer,
la niebla finalmente se aclarará y tu
curso se esclarecerá. Dios cuenta con
que seguirás en la carrera y que nunca
abandonarás.

Devoción

Y amarás a Jehová tu Dios de todo
tu corazón, y de toda tu alma,
y con todas tus fuerzas.

DEUTERONOMIO 6:5

Hablamos sobre amar a alguien de
corazón, pero amar a alguien significa
amarle con todo lo que somos. No amamos
a Dios sólo con nuestro corazón, sino que
le amamos con nuestro corazón, nuestra
alma y nuestra fuerza; le amamos con
todo nuestro ser. Ese es el tipo de amor
que Él quiere de nosotros. Puedes perder
tu enfoque en ti misma al dar ese tipo de
devoción total, y perder tu enfoque en ti
misma es de lo que se trata esta vida.

Guarda mi alma, porque soy piadoso;
salva tú, oh Dios mío, a tu
siervo que en ti confía.

SALMO 86:2

La devoción a Dios viene con
compromisos, o quizá sería mejor
decir promesas. Cuando te entregas
completamente a Dios, te conviertes en una
heredera de la vida eterna, y una hija de su
reino. El éxito está garantizado en cualquier
cosa que hagas porque estás haciendo su
voluntad. Entrégale cada habitación de tu
corazón. Abre cada puerta de par en par
e invítale a entrar. Cuando Él viene, trae
consigo paz, gozo, amor y mucho más.

Ánimo

El deseo de los humildes oíste,
oh Jehová; tú dispones su corazón,
y haces atento tu oído.

SALMO 10:17

Es fácil sentir que nadie te escucha en
esta vida. Incluso los más cercanos a ti a
veces puede que no te escuchen, pero Dios
te oye. Él nunca está demasiado cansado,
demasiado ocupado, demasiado distraído.
No necesita una cita. Él está siempre
escuchando, siempre animándote, así que
clama a Él, comparte todo con Él: esas cosas
que te producen dolor, esas cosas
que te causan alegría. Cuéntale tus
secretos y esperanzas, porque Él
nunca te fallará.

Y considerémonos unos a otros
para estimularnos al amor
y a las buenas obras.

HEBREOS 10:24

Lo maravilloso de una comunidad
cristiana es que nos inspiramos unos a
otros en este caminar cristiano. ¿Acaso
no has sorprendido a alguien con las
manos en la masa en algún tipo de
acto de fidelidad, y eso te alentó? Y quién
sabe cuántas veces tu fe ha sido detectada
y alguien tomó una mejor decisión "la
siguiente vez" porque vio la decisión
que tú tomaste. Eso es lo maravilloso de
pelear juntos codo a codo. En soledad, la fe
te fortalece, ¡pero juntos la fe inspira más fe!

Vida eterna

Jesús dijo: Porque de tal manera amó
Dios al mundo, que ha dado a su
Hijo unigénito, para que todo aquel
que en él cree, no se pierda,
mas tenga vida eterna.

JUAN 3:16

La vida aquí en la tierra es fugaz. Un día
estamos sentadas en el suelo jugando con
nuestras muñecas favoritas y, de repente,
nos damos cuenta de que somos mujeres
adultas tratando con problemas de adultos.
En lo que parece un momento, comenzamos
a ver canas y arrugas en los contornos de
nuestros jóvenes rostros. La vida ocurre, y
por eso Dios nos creó una forma en la que
vivir, libres del tiempo y la edad. A través de
su Hijo, compró la vida eterna para ti. ¿Qué
mayor regalo podría haber?

Jesús dijo: "Mis ovejas oyen mi voz, y
yo las conozco, y me siguen,
y yo les doy vida eterna; y no
perecerán jamás, ni nadie
las arrebatará de mi mano".

JUAN 10:27-28

En la eternidad no tendremos necesidad
de protección. Todo estará bien mientras
ocupamos el reino celestial, pero aquí en
la tierra hay muchos peligros. Dios no ha
dejado tu vida eterna a la suerte, sino que la
compró para ti con el sacrificio de su único
Hijo. Luego, Él mismo cuida de ti para que
nada ni nadie pueda impedirte alcanzar tu
destino. La vida que Dios te ha dado no está
diseñada para que alguien la tome, sino
que está sellada con su promesa.

Ejemplo

Sé ejemplo de los creyentes en
palabra, conducta, amor,
espíritu, fe y pureza.

1 TIMOTEO 4:12

Ser un ejemplo para otros puede parecer
como una carga pesada, siempre teniendo
que cuidar de tus palabras y acciones.
Ser buena en tus propias fuerzas es algo
sencillamente imposible. Hay sólo una
manera en la que puedes vivir de una
manera digna de representar a Dios, y es
dejándole vivir a Él a través de ti. Cuando
tu interés propio empuja para tomar
protagonismo, ríndete a Él, y verás
que pronto estarás demostrando
a otros que es posible vivir una
vida pura y piadosa.

Para que seáis irreprensibles
y sencillos, hijos de Dios sin mancha
en medio de una generación maligna
y perversa, en medio de la cual
resplandecéis como luminares
en el mundo.

FILIPENSES 2:15

Alguna vez le habrás oído a alguien
decir: "¡Tus acciones hablan tan alto
que no me dejan oír tus palabras!"
Es cierto; la gente presta mucha más
atención a lo que haces que a lo que
dices. Por eso es crucial la forma en la
que vivas como hija de Dios. Los que
te tachan de fanática religiosa cuando
intentas hablarles sobre tu relación
con tu Creador no podrán ignorar tu vida
ejemplar. Déjales que vean a Jesús en ti.

Expectativas

Oh Jehová, de mañana oirás mi voz;
de mañana me presentaré delante
de ti, y esperaré.

SALMO 5:3

Se necesita mucha fe para esperar, e
incluso más para tener expectativas de
algo. Pero puedes hacer las dos cosas
cuando se trata de tu fe y tus oraciones. No
es que siempre ores por algo específico y
lo consigas, como pedir algo por catálogo
en línea (aunque eso tampoco funciona
siempre). Pero lo que puedes esperar, cuando
pones tus preocupaciones delante de Dios, es
que Él responderá. Tus oraciones no caen en
saco roto. Puedes contar con ello.

Jesús dijo:"Estad preparados, porque a la hora que no penséis, el Hijo del Hombre vendrá".

Lucas 12:40

Jesús prometió regresar, y pidió a sus seguidores que le esperasen. Él no nos dijo cuándo, sólo que sería cuando el mundo menos lo esperase. Solamente los que son sensibles al Espíritu Santo reconocerán los tiempos y las estaciones. Él espera que vivas con la certeza de que Él pronto volverá, y que vivas de manera apropiada. ¡Qué glorioso momento será ese! ¡Espéralo! ¡Anticípalo!

Fe

Velad, estad firmes en la fe; portaos
varonilmente, y esforzaos. Todas
vuestras cosas sean hechas con amor.

1 Corintios 16:13-14

La fe no es algo con lo que te comprometes
una vez y luego no vuelves a pensar en ello,
sino que es algo que te pone en alerta cada
día ante las posibilidades y oportunidades.
Dios te ha llamado a vivir una vida
de fe vibrante, abierta a su dirección,
manteniendo sus ojos en Él. Día a día, verás
su fidelidad y tu fe crecerá. Pronto dejarás
de preocuparte por lo que te espera a
la vuelta de la esquina. Sabrás con
certeza que entre los dos podrán
manejar cualquier eventualidad.

Porque por fe andamos, no por vista.

2 CORINTIOS 5:7

Probablemente lo hayas oído antes: ver no es creer; creer es ver. Es más que una frase liosa. Tu fe te abre a una nueva conciencia de la vida que te rodea. Te capacita para ver más desde el punto de vista de Dios. Te recuerda que la vida no se trata sólo de las realidades diarias sino también de misterios y posibilidades. Cuando crees, vives según una realidad completamente distinta, con vistas y sonidos inimaginables para los ojos incrédulos.

Fidelidad

El hombre de verdad tendrá
muchas bendiciones.

PROVERBIOS 28:20

Todas hemos tenido tareas que parecían
fáciles a primera vista, pero que luego
nos pareció que no seríamos capaces de
realizar. Nos preguntamos si merece la
pena seguir, pero cuando lo hacemos,
encontramos que la recompensa de la
tarea llevada a cabo es incluso más dulce.
¿Te estás preguntando si serás capaz de
terminar la tarea que Dios te ha asignado?
No te rindas, tu fidelidad a los propósitos
de Dios trae consigo la promesa de una gran
recompensa. Pídele a Dios que te ayude
a seguir fielmente hasta que termines el
trabajo.

Jehová, hasta los cielos llega tu
misericordia, y tu fidelidad
alcanza hasta las nubes.

SALMO 36:5

Dios no te abandonará. Él no se apartará
de tu lado. Su fidelidad llega más allá de
lo que puedes ver o incluso imaginar.
Es difícil asimilar ese tipo de fidelidad
cuando vives en un mundo lleno de
decepciones, pero si puedes acallar
lo suficiente tu interior para sentir la
presencia inmutable de Dios y su firme
compromiso contigo, podrás superar los
desencantos de la vida con mucho más
valor. ¡Su fidelidad nunca falla!

Familia

Y todos tus hijos serán enseñados por
Jehová; y se multiplicará la
paz de tus hijos.

Isaías 54:13

No hay herencia como el conocimiento
del amor de Dios. No hay herencia tan
capacitadora. Al vivir tu vida de fe ante tu
familia, es como llenar una bodega que
bendecirá a todos los demás, y nunca es
demasiado tarde para comenzar. Cuando
vives con autenticidad ante Dios, dejas una
huella para todos los que están mirándote,
y ese ejemplo puede durar
generaciones, más allá de tu vista,
más influyente de lo que puedas
llegar a entender.

La mujer sabia edifica su casa.

PROVERBIOS 14:1

La influencia de una mujer sobre su familia es enorme, para bien o para mal. Tristemente, algunas mujeres debilitan sus familias a través del egoísmo, la ambición y la despreocupación. La mujer vigilante, sabia y piadosa une a su familia, hace sacrificios para asegurar su estabilidad, y suplica la bendición de Dios con sus oraciones. Tú puedes ser ese tipo de mujer: aquellas que edifican y fortalecen. Pídele a Dios que te ayude, y Él te mostrará cómo.

Sentimientos

Podemos decir confiadamente: El
Señor es mi ayudador;
no temeré.

HEBREOS 13:6

Las mujeres somos seres complejos.
Nuestras emociones son nuestra mayor
fortaleza, pero también pueden ser la
parte más inestable de nuestro carácter.
¿Cómo respondes ante las presiones y
placeres que te rodean cada día? ¿Crees
que eres demasiado emocional? Dios no
quiere suprimir tus emociones; estas te
permiten sentir su amor, su compasión, su
gozo. Lo que Él quiere es ayudarte a que las
aproveches y las uses para su reino. ¿Se lo
permitirás?

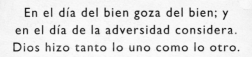

En el día del bien goza del bien; y
en el día de la adversidad considera.
Dios hizo tanto lo uno como lo otro.

ECLESIASTÉS 7:14

Quizá tiendas a pensar bien de Dios
en los buenos momentos y a pedirle su
ayuda en los malos, pero a veces tienes
que considerar que Dios saca algo bueno
de lo malo. No importa lo que le digan
sus sentimientos, puedes confiar en
que Él llevará a cabo su propósito en ti
en todo tiempo. Él no está atado por sus
sentimientos, sino por su Palabra, así que
tú tampoco deberías estar atada por tus
sentimientos, ¡sino por las promesas de Él!

Fraternidad

Pero si andamos en luz, como él está
en luz, tenemos comunión
unos con otros.

1 JUAN 1:7

Vivir en una estrecha relación con Dios
te capacita para conectarte con gente
de manera significativa. Cuanto más
crezcas en Él, verás que también creces
en tus relaciones con los demás. Esto es el
resultado de tener al mismo Padre celestial,
viviendo en el mismo reino y compartiendo
el mismo destino: el cielo. Disfruta de
la gran familia espiritual en la que
Dios te ha puesto. Es la familia de
la fe. Está ahí para los demás y
déjales estar ahí para ti. Ese es
el diseño de Dios.

> Finalmente, sed todos de un mismo
> sentir, compasivos, amándoos
> fraternalmente, misericordiosos,
> amigables.
>
> I Pedro 3:8

La familia de Dios es, en muchos
sentidos, como tu familia natural. Les
amas profundamente, pero muy
frecuentemente pueden hacerte alzar
tus manos al cielo por la frustración.
Al igual que tú, todos ellos tienen esas
pequeñas áreas en las que todavía
están creciendo, y aprendiendo, y
convirtiéndose en mejores personas.
Cuando surgen los conflictos, ¡no te
des la vuelta y huyas! Es importante
que los soluciones y los superes: por amor
de tu Padre.

Finanzas

Las riquezas de vanidad disminuirán;
pero el que recoge con mano
laboriosa las aumenta.

PROVERBIOS 13:11

En un mundo donde la gente gana la
lotería y concursos para tener de repente un
montón de dinero, es fácil preguntarse si
merece la pena poner esa pequeña cantidad
en los ahorros cada mes. La Biblia habla
mucho sobre el dinero, y afirma que la
persona sabia es aquella que construye un
nido con lo que tiene, poco a poco. Además
de la inversión, ese poquito que separas, sin
importar lo poco que sea, es un voto para tu
futuro.

Mi Dios, pues, suplirá todo lo que os falta conforme a sus riquezas en gloria en Cristo Jesús.

FILIPENSES 4:19

Puede parecer extraño ver que a Dios le interesa el dinero. Aunque no está sujeto a él, Él sabe que tú sí lo estás, al menos mientras vivas en este mundo. La Biblia nos da buenos consejos sobre vivir sin deuda, ahorrar todo lo que puedas, ser generosa con los demás y dar para apoyar la obra de Dios. Estos hábitos te ponen en fila para las bendiciones de Dios. Él las describe como "rebosantes" y te invita a ponerle a prueba y ver.

Perdón

Cuando yo perdone todo lo que
hiciste, dice Jehová el Señor.

EZEQUIEL 16:63

Has sido perdonada. No importa lo que
hayas hecho, no importa cómo, o cuándo,
o qué: el perdón de Dios te está esperando.
En el momento en que reconoces tu pecado
y pides que Él te perdone, queda hecho.
De manera extraña, esto puede resultarte
difícil de aceptar. Quizá sientas que debes
hacer tu propio sacrificio, pero es una
proeza que nunca podrás lograr. Sólo el
Hijo perfecto de Dios pudo hacer
el trabajo. Abandona tu orgullo y
recibe su perdón. No esperes ni
un momento más.

Soportándoos unos a otros, y perdonándoos unos a otros si alguno tuviere queja contra otro. De la manera que Cristo os perdonó, así también hacedlo vosotros.

Colosenses 3:13

Si alguna vez has intentado perdonar a otra persona, incluso a alguna amiga íntima o un miembro de tu familia, sabrás lo difícil que puede llegar a ser. Todo tu ser quiere aferrarse al dolor y hacer pública la ofensa. Dios te invita a perdonar por la gratitud a causa de lo que Él ha hecho por ti. Él te ha perdonado: gratis y totalmente. Recuerda que nadie podrá dañarte tanto como tu pecado le dañó a tu Padre celestial. Cuando lo veas de esta forma, el perdón se convertirá en un privilegio.

Libertad

Jehová liberta a los cautivos.

SALMO 146:7

Algunas mujeres huyen de Dios, creyendo
que Él les pedirá que entreguen su libertad
y les encerrará en algún régimen religioso.
En realidad, es justamente lo contrario.
Todos estamos ya esclavizados por nuestros
propios pensamientos y comportamientos
sucios y por nuestra naturaleza pecaminosa.
Para que puedas florecer en el reino de
Dios, Él tiene que quitar esas ataduras.
Afortunadamente, tu Padre celestial puede
romper esas cadenas. Pídele que te libere.

Porque el Señor es el Espíritu;
y donde está el Espíritu del Señor,
allí hay libertad.

2 CORINTIOS 3:17

Donde va el Espíritu de Dios, le sigue
la libertad. Si su Espíritu mora en ti,
experimentarás más libertad que nunca.
Ya no estarás cohibida por el egoísmo y
el resentimiento, y serás libre para hacer
aquello para lo que fuiste creada: vivir en
armonía con tu Creador. No luches para
liberarte tú misma, porque no tienes ni
el poder ni la fuerza para hacerlo. Invita
al Espíritu Santo de Dios a que venga a tu
corazón y te libere en el proceso.

Nuevo comienzo

Os daré corazón nuevo, y pondré
espíritu nuevo dentro de vosotros.

EZEQUIEL 36:26

Algunas de las noticias más
sorprendentes sobre la presencia de Dios
es que Él hace más que tan sólo arreglarte
lo mejor que puede y dejarte seguir tu
camino; de algún modo te hace una nueva
criatura. Su oferta de nueva vida es uno de
los pocos nuevos comienzos verdaderos que
podrás experimentar. Claro, Él no borra
las consecuencias con las que aún tienes
que luchar, pero sí tiene el poder
de cambiar tu corazón y ayudarte
a manejar esas consecuencias.
¡Pídele que te haga de nuevo!

Revestido del nuevo, el cual conforme
a la imagen del que lo creó
se va renovando.

COLOSENSES 3:10

La obra de Dios en tu vida no sólo te hace
ser una mejor persona, ¡sino que te hace
ser más como Él! Eso ocurre en cualquier
relación de amor; cuanto más te
enfocas en otra persona e interactúas
con él o con ella, más adquieres los
hábitos e intereses de esa persona. De
igual forma —pero incluso más debido
a la obra del Espíritu Santo—, cuando te
enfocas en Dios e interactúas con Él, su
naturaleza se reproduce en tu vida.

Amistad

En todo tiempo ama el amigo,
y es como un hermano en
tiempo de angustia.

PROVERBIOS 17:17

Los momentos difíciles revelan las verdaderas amistades. En parte eso es verdad porque las verdaderas amigas son las que permanecen a tu lado cuando los momentos no son buenos ni cómodos y para nada divertidos; pero también es cierto porque cuando estás en tu peor momento o eres más débil, sólo puedes soportar a tu lado a tus verdaderas amigas, aquellas que ya te conocen por dentro y por fuera y te aceptan tal y como eres. Pídele a Dios que te dé esa clase de amiga.

El hombre que tiene amigos ha de
mostrarse amigo; y amigo hay más
unido que un hermano.

PROVERBIOS 18:24

Es bonito tener conocidos, pero dentro de
nosotras anhelamos amistades auténticas
que nos den una conexión tan fuerte como
la de nuestros familiares. ¿Tienes amigas
que alcancen ese nivel? Si no, pídele a
Dios que te ayude a encontrar aquellas
con las que puedas llegar a los niveles
más profundos. Luego mantén tus ojos y
tus oídos abiertos. Acércate a otros y deja
que Dios haga el resto, y verás que Él no te
decepcionará.

Productividad

Jesús dijo: "Permaneced en mí, y yo
en vosotros. Como el pámpano no
puede llevar fruto por sí mismo, si
no permanece en la vid, así tampoco
vosotros, si no permanecéis en mí".

JUAN 15:4

Puede que pienses que no estás logrando
nada en tu vida. Quizá tienes un trabajo
sin más posibilidades o una discapacidad
te ha dejado sintiéndote inútil y sola.
Independientemente de tus circunstancias,
Dios tiene un plan para ti, y ese plan no
está fuera de tu alcance. Mientras
le busques a Él, tu vida será más
productiva y plena. Esa es su
voluntad, su promesa y su plan.

Jesús dijo: "No me elegisteis vosotros a mí, sino que yo os elegí a vosotros, y os he puesto para que vayáis y llevéis fruto, y vuestro fruto permanezca".

Juan 15:16

Quizá te has mirado algún día y has pensado: *Dios nunca podría usarme.* Has decidido que no eres digna de salir en su nombre, de hablar en su favor, de llevar su mensaje, de cumplir su plan. Si dependiera de ti, no te escogerías para hacer nada, pero no depende de ti. Dios es quien escoge, y quiere usarte. Él te ha dado un trabajo que hacer. Ábrele tu corazón y tu mente, y llevarás mucho fruto.

Futuro

Porque yo sé los pensamientos que
tengo acerca de vosotros, dice Jehová,
pensamientos de paz, y no de mal,
para daros el fin que esperáis.

JEREMÍAS 29:11

Tu edad no importa, tu apariencia no
importa, tus circunstancias no importan,
porque para cada individuo, cada vida, Dios
tiene un plan para el futuro. Incluso si estás
leyendo este libro en la cama de un hospital
del que nunca esperas salir, Dios te ha dado
un futuro. No arrojes la toalla en la vida por
ninguna razón. Con Él, tus mejores días
están por llegar: mejores de lo que puedas
pensar o imaginar.

La luz de los justos se alegrará.

PROVERBIOS 13:9

Cuando tu vida está oculta en la bondad de Dios, tus posibilidades son ilimitadas. Tu futuro es más que brillante, es deslumbrante. Si estás empezando a caminar con Dios, eres una mujer afortunada. El camino que te queda por recorrer puede que no sea fácil, pero será la mayor aventura, la mejor carrera que habrás intentado nunca; y lo mejor de todo, es que el destino es seguro. Arrójate sin reservas a la obra a la que Dios te ha llamado. Aférrate a tu futuro con ambas manos.

Amabilidad

Llevad mi yugo sobre vosotros, y
aprended de mí, que soy manso
y humilde de corazón; y hallaréis
descanso para vuestras almas.

MATEO 11:29

Dios podría hacerte volar por los aires por
tu pecado. Podría regañarte cada vez que
tropieces y castigarte por cada error que
cometas. Él te corregirá, por supuesto; si no,
¿de qué otra manera podría Él mantenerte
en el camino correcto? Pero la corrección
de Dios es coherentemente amable, no
lanzándote relámpagos y truenos,
sino con una suave voz dentro de
tu corazón. Él no pondrá una
excusa para tu pecado, sino
que callada y amablemente te
llamará al arrepentimiento.

Vuestra gentileza sea conocida
de todos los hombres.
El Señor está cerca.

FILIPENSES 4:5

La Biblia dice que la mujer fuerte es también amable, dos palabras que parecen ser contradictorias, pero que no lo son. La mujer fuerte escoge cómo responderá a los demás; escoge tratar con ellos amablemente, porque puede. Tiene el control de sus emociones, sus palabras y sus acciones. La ira, la hostilidad: ambas representan la salida fácil. Pero la amabilidad requiere fortaleza. Dios quiere ver que te conviertes en una mujer fuerte y amable para Él.

Bondad

Cuando la sabiduría entrare en tu
corazón, y la ciencia fuere grata
a tu alma…andarás por el
camino de los buenos.

PROVERBIOS 2:10, 20

Cuando eras una niña, tus padres quizá te
dijeron: "¡Sal ahora y sé una buena niña!"
Lo único que querían era lo mejor para ti,
pero al crecer, muchas mujeres recibieron
un mensaje negativo. Relacionan la bondad
con ser despedidas o no ser tomadas en
cuenta. Otras se obsesionan con llegar a un
estándar de bondad irrealista. Realmente
nadie es bueno sino Dios. La bondad llegará
a medida que camines en comunión con Él.

Así que, según tengamos
oportunidad, hagamos bien a todos,
y mayormente a los de la
familia de la fe.

GÁLATAS 6:10

Las buenas obras son una expresión de
la bondad de Dios que reside dentro de
ti. Deberían salir fácilmente, de forma
natural. Al sentir la presencia de Dios
dentro de ti y verle moviéndose en tus
labores, al sentir tu corazón rebosante
de gratitud por lo que Él ha hecho por ti,
extiéndelo a otros, dejándoles sentir el
desbordamiento de la bondad de Dios para
ti. Las buenas obras no son algo que tienes
que esforzarte por hacer, sino el gozoso
privilegio de una hija de Dios.

Gracia

Pero por la gracia de Dios soy lo que soy; y
su gracia no ha sido en vano para conmigo,
antes he trabajado más que todos ellos;
pero no yo, sino la
gracia de Dios conmigo.

1 Corintios 15:10

La gracia a menudo se define como el favor
inmerecido de Dios. Significa que su amor por
nosotros, su cuidado y su preocupación son regalos
gratuitos; no nos los hemos ganado. Qué cosa tan
maravillosa ser amada y aceptada, ¡así porque sí!
A ojos de Dios, ya eres lo suficientemente guapa,
inteligente y buena para recibir lo mejor que Él
tiene. Él te ama así como eres, y quiere que
te conviertas en todo aquello para lo que
fuiste creada, pero tu relación con Él no
depende de eso. ¡Qué maravillosa es la
palabra "gracia"!

[Dios] a los humildes dará gracia.

PROVERBIOS 3:34

Para muchas personas, es difícil recibir lo que sienten que no se han ganado. Ya sea un sentimiento de independencia u orgullo, esa actitud te robará lo mejor que esta vida te puede ofrecer. Debes ser capaz de recibir el amor de Dios, incluso cuando no te sientas querida, y la bondad de Dios, incluso cuando no creas que la mereces. Dios te ha dado todo gratuitamente: ¡su reino! No te quedes en los márgenes susurrando: "No soy digna". Humíllate y recibe.

Guía

Entonces tus oídos oirán a tus espaldas
palabra que diga: Este es el camino,
andad por él; y no echéis a la mano
derecha, ni tampoco torzáis
a la mano izquierda.

ISAÍAS 30:21

Cuando necesitamos respuestas, a menudo
decimos que estamos "buscando a Dios", y sin
embargo, no necesitamos buscarle porque
Él siempre está cerca. Tampoco necesitamos
buscar respuestas de Dios, porque ya nos
ha dado las respuestas que necesitamos. En
cambio, estamos buscando oír esas respuestas,
desconectar de los pensamientos e ideas
preconcebidas que llevamos con nosotros. Si
necesitas respuestas, pídele a Dios que te ayude
a oír y a discernir, a abrir tus oídos para oír su
voz que siempre estuvo ahí todo el tiempo.

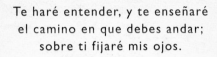

Te haré entender, y te enseñaré
el camino en que debes andar;
sobre ti fijaré mis ojos.

Salmo 32:8

¿Has estado pidiendo la guía de Dios y
aún así el camino por delante sigue siendo
incierto? Podría ser que estás esperando
un mapa con todo lujo de detalles del
camino, y Dios raramente responde así. En
cambio, Él da el primer paso, y cuando tú
das ese paso, Él revela el siguiente. Así es
como Él estimula tu fe y te mantiene cerca
del camino. Es suficiente con saber que Él
ve el camino a seguir. ¡Confía en Él!

Felicidad

El corazón alegre hermosea el rostro;
mas por el dolor del corazón el
espíritu se abate.

PROVERBIOS 15:13

La felicidad es esquiva en esta vida.
Debido a que es una emoción —como la
tristeza y la ira— que viene y va con las
circunstancias. El gozo es diferente. Es
la condición permanente del corazón que
está bien con Dios. No está basado en las
circunstancias, sino en el conocimiento
del resultado: eternidad con
Dios. Olvídate de perseguir la
felicidad y recibe el gozo. No te
decepcionará incluso en tus
días más oscuros y las horas
más difíciles. ¡Gózate!

Mas los justos se alegrarán; se
gozarán delante de Dios,
y saltarán de alegría.

Muchas mujeres creen que la felicidad
es un resultado del éxito. "Cuando
encuentre la persona adecuada con la
que casarme, seré feliz". "Cuando
logre mis objetivos profesionales…"
"Cuando pueda permitirme la casa
que realmente quiero…" La verdad es que
la verdadera felicidad —el profundo gozo
interior— es el resultado de vivir en una
estrecha relación con Dios en vez de los
adornos del éxito. Independientemente
de lo que puedas estar afrontando —
bueno y malo—, alégrate de saber que
estás agradando a tu Padre celestial.

Ayuda

Dios es nuestro amparo y fortaleza,
nuestro pronto auxilio en las
tribulaciones.

Salmo 46:1

¿Alguna vez has pasado por una prueba
o una tristeza tan dolorosa que ni siquiera
puedes articular con palabras? Parecía
como si un grito largo y penetrante
estuviera partiéndote por dentro. Hay
muchas cosas que pueden causar un
sufrimiento tal: una pérdida, divorcio,
traición, enfermedad. Si te encuentras en
un lugar así en tu vida, clama al Señor. Él
entiende el sufrimiento en su nivel más
hondo, y sabe cómo consolarte. Lo único
que tienes que hacer es pedir.

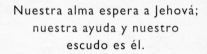

> Nuestra alma espera a Jehová;
> nuestra ayuda y nuestro
> escudo es él.

SALMO 33:20

¿A quién acudes cuando los problemas salen a tu encuentro? Estás bendecida si tienes amigas fieles y seres queridos aquí en la tierra. Pero tengas o no ese apoyo en tu vida, Dios ha prometido que nunca te enfrentarás a la adversidad sola. Una y otra vez en la Biblia, Él declara su deseo de ayudarte. Aun cuando nadie más esté ahí, Él sí estará, y Él tiene recursos ilimitados. No importa lo que necesites, clama a Él.

Esperanza

Bueno es Jehová a los que en él
esperan, al alma que le busca.

La esperanza es algo increíble. Puede
crecer y prosperar incluso en las
circunstancias más inhóspitas. Un
prisionero de guerra sufre un abuso
brutal a manos de sus captores, pero
no quebrantan su espíritu ni le roban
la esperanza de que un día volverá a ser
libre. Es la esperanza lo que nos hace que
sigamos avanzando, buscando siempre
un día mejor. La esperanza es un
don de Dios. Dale gracias por ello
poniendo tu esperanza en Él. Él
es profundamente fiel.

¿Por qué te abates, oh alma mía, y te
turbas dentro de mí? Espera en Dios;
porque aún he de alabarle,
salvación mía y Dios mío.

Salmo 42:5-6

La gente pone su esperanza en muchas
cosas: dinero, posesiones, otras personas,
poder, fama y estatus, incluso su
propia fuerza. Ninguna de esas
cosas tiene el poder de sostener la
esperanza, pero Dios sí. El dinero y las
posesiones se pueden ir en un momento,
pero Él nunca cambia. La gente te
fallará, pero Él nunca te decepcionará.
El poder, la fama y el estatus son
tremendamente frágiles. Incluso
tu propia fuerza un día se terminará,
pero Dios seguirá a tu lado. Pon en Él tu
esperanza.

Hospitalidad

Y de hacer bien y de la ayuda mutua
no os olvidéis; porque de tales
sacrificios se agrada Dios.

HEBREOS 13:16

El verdadero significado de la hospitalidad
es abrir tu corazón a otros, hacerles sentir
en casa en tu presencia. Eso significa que
puedes ser hospitalaria dondequiera que
estés. No se necesita una casa bonita o una
buena comida. Cuando te acercas a alguien
con amor y aceptación, estás mostrándole
a esa persona hospitalidad. Mira a tu
alrededor. Pídele a Dios que te muestre
esas personas a las que puedas ministrar
sencillamente abriéndoles tu corazón.

No os olvidéis de la hospitalidad,
porque por ella algunos, sin saberlo,
hospedaron ángeles.

HEBREOS 13:2

Es fácil ser hospitalaria con tus familiares
y amigas, pero Dios pide que alcances
también a los extraños. Eso requiere valor,
pero Dios se agrada cuando miras más allá
de tu timidez y tus dudas para tocar la vida
de una persona a la que no conoces. En vez
de enfocarte en cómo te sentirás, piensa
en cómo podrías afectar a un extraño: solo
en una multitud. Tu hospitalidad tiene el
poder de cambiar una vida para toda la
eternidad.

Humildad

Mas con los humildes
está la sabiduría.

PROVERBIOS 11:2

La Biblia dice que Jesús es el Hijo
unigénito de Dios, reinando y gobernando
con su Padre desde su trono celestial y,
sin embargo, hizo lo impensable. Escogió
nacer como un bebé, vivir como uno de
nosotros, y luego sufrir el reproche y el
abuso, y finalmente la muerte. Se humilló
a sí mismo y permitió que le pusieran en
la cruz: por ti. Su humildad logró el plan
de salvación. Imagina lo que puede
lograr tu humilde obediencia a su
voluntad.

Riquezas, honra y vida son la
remuneración de la humildad
y del temor de Jehová.

Si piensas que ser humilde te hará ser
un felpudo sobre el que otros caminen
y se aprovechen, no puedes estar más
equivocada. Muchos asocian humildad
con debilidad, pero está mejor definida
como fortaleza. No se necesita hacer
un esfuerzo extra para comportarse
orgullosamente, ya que el orgullo aparece
de forma natural en los seres humanos.
Pero la humildad, eso no es tan fácil.
Significa tomar la decisión de hacer lo
difícil, lo que Dios haría. Sométete a Dios
y cosecha los beneficios de la humildad.

Integridad

Yo sé, Dios mío, que tú escudriñas los corazones, y que la rectitud te agrada; por eso yo con rectitud de mi corazón voluntariamente te he ofrecido todo esto.

1 Crónicas 29:17

¿Tienes algún secreto, algo que guardas muy dentro de ti, algo que te hace vivir avergonzada? No deberías pensar que estás ocultándole algo a Dios, porque Él ve tu corazón, y sabe todo acerca de ti, y además quiere liberarte de la carga que estás llevando. Confiésale a Él tus pecados secretos, los que has cometido y los que cometieron contra ti. Él limpiará tu corazón. Después, Él te alabará a medida que vivas honesta y abiertamente ante Él.

El que camina en integridad
anda confiado.

PROVERBIOS 10:9

Decidir hacer lo correcto en una
situación puede ser difícil, incluso
doloroso. Podría significar la pérdida
de un sueldo, la ruptura de una relación
o una confrontación embarazosa; pero,
cueste lo que cueste, mantenerse íntegra
es vitalmente importante. Cuando haces
lo correcto, estás preservando tu alma.
Cometerás errores —no cabe duda de
ello—, pero Dios está ahí para perdonarte
y ayudarte a seguir encarrilada hacia el
futuro. Cuando escoges la integridad,
escoges al Señor.

Justicia

No os venguéis vosotros mismos, amados
míos, sino dejad lugar a la ira de Dios;
porque escrito está: Mía es la venganza,
yo pagaré, dice el Señor.

ROMANOS 12:19

Muchas veces, cuando nos tratan mal,
respondemos con pensamientos y acciones
vengativas, olvidando que miramos a un
tribunal más alto: la autoridad de Dios. No es
fácil dejar tu ofensa, especialmente cuando
tu corazón se duele por la justicia, pero
cuando lo haces, Dios puede actuar a tu favor.
Buscar venganza te mantiene en un
círculo de daño recíproco. Dejar tus
reivindicaciones ante la corte suprema
de Dios te libera para seguir
adelante. Confía en la justicia pura
de Dios y déjale pelear tus batallas.

Porque Jehová ama la rectitud, y no
desampara a sus santos. Para siempre
serán guardados.

SALMO 37:28

A menudo clamamos por justicia cuando
nos han hecho algún mal, pero no cuando
nosotras hemos hecho mal a alguien.
Dios quiere que nos preocupemos
por ambas situaciones, porque Él así
lo hace. Asegúrate de que en todas tus
transacciones requieres un alto estándar
de justicia de tu parte. Pídele a Dios que te
señale cualquier punto ciego para que tu
corazón pueda seguir estando puro ante
Él. Cuando te equivoques, apresúrate a
arreglar las cosas. Dios estará viendo
y aplaudiendo.

Gentileza

Pero cuando se manifestó la bondad de
Dios nuestro Salvador, y su amor para con
los hombres, nos salvó, no por obras de
justicia que nosotros hubiéramos hecho,
sino por su misericordia.

TITO 3:4-5

¿Encuentras fácil ofrecer gentileza a los que
sientes que la merecen, pero no a los que no la
merecen? Eso es una respuesta humana normal;
pero cuando comienzas a entender la plenitud de
la gentileza de Dios hacia ti personalmente, estás
lista para ver las cosas de otra manera. Tú no lo
merecías, ni siquiera fuiste agradecida, y, sin
embargo, Él fue amable contigo. Él no se quedó
nada. Ser amable con los que no lo merecen es
una manera poderosa de demostrar tu semejanza
a tu Padre celestial.

Mujer virtuosa, ¿quién la hallará?
porque su estima sobrepasa
largamente a la de las piedras
preciosas...Abre su boca con
sabiduría, y la ley de clemencia
está en su lengua.

PROVERBIOS 31:10, 26

La amabilidad a menudo se malentiende.
No significa dar un paso atrás y dejar que
otros te ordenen, y no significa consentir y
ser indulgente con los demás. Significa ser
amable, amigable, benevolente y generosa
con otra persona, especialmente cuando
no hay expectativas de recibir nada a
cambio de la otra persona. No tendrás que
buscar oportunidades de ser amable, pues
aparecerán por sí solas docenas de veces al
día. Sé como tu Padre celestial; ¡sé amable!

Liderazgo

Jesús dijo: "Sea el mayor entre vosotros como el más joven, y el que dirige, como el que sirve".

Lucas 22:26

No todo el mundo está llamado a ser líder, pero si sientes el llamado de Dios y un sentimiento de que has recibido atributos que necesitas para dirigir a otros, haces bien en salir de la multitud y darte a conocer. Tan sólo ten claro que liderazgo en el reino de Dios es una posición de servicio. Como Moisés, y el rey David, y Pablo el apóstol, Dios te humillará antes de usarte, pero si estás dispuesta y eres obediente, Él podría usarte para cambiar el mundo.

Sed imitadores de mí,
así como yo de Cristo.

1 Corintios 11:1

Para poder ser un buen líder en el
reino de Dios, antes debes ser un buen
seguidor: no de otros, sino de Dios. No
eres la responsable de establecer el
rumbo o abrir camino ante ti, sino
de mantener tus ojos en el Señor y
seguir cada uno de sus movimientos.
Eso significa que debes conocer los
principios que Él ha establecido en
las Escrituras y vivir en una relación
estrecha y constante con Dios. Es una
gran responsabilidad dirigir a otros, y
un gran privilegio.

Aprendizaje

Oirá el sabio, y aumentará el saber.

PROVERBIOS 1:5

Ser cristiana se trata de ser una estudiante de las cosas de Dios. ¡Qué maravillosa bendición! Cada día tienes el encargo de conocer mejor a tu Padre celestial y ser más como Él. Eso a veces puede resultar doloroso, al dejar antiguos patrones de pensamiento y comportamiento para dar paso a los nuevos, pero siempre será productivo, transformándote en la persona que Dios creó que fueras. Está cerca de Él, escucha y aprende todo lo que puedas.

Enseña al justo, y aumentará su saber.

PROVERBIOS 9:9

La característica número uno de los impíos es su incapacidad de aprender. Cometen los mismos errores una y otra vez, no reconociendo nunca su error ni entendiendo que se les ha dado el poder para cambiar. Tú has visto el error de tus caminos y te has vuelto a Dios. Ahora sigue aprendiendo, continúa cambiando y continúa creciendo a la imagen de tu Padre celestial. Él está orgulloso de tu progreso en justicia.

Vida

Justicia eterna son tus testimonios;
dame entendimiento, y viviré.

SALMO 119:144

Dios nos ha dado pautas por las cuales
vivir: principios dados con todo lujo de
detalle en la Biblia. Algunos dicen que sus
reglas están simplemente diseñadas para
reforzar el ego de Él, y eso es lo mismo
que el diablo le dijo a Eva cuando la tentó
a desobedecer a Dios en el huerto de Edén.
"Sólo está intentando impedir que te
ocurran cosas buenas", se mofó. Como
cualquier buen padre o madre, Dios
nos ha dado reglas para asegurar
nuestra seguridad y éxito. Vivir
a su manera es siempre por
nuestro bien.

Jesús dijo: "Yo he venido para que tengan vida, y para que la tengan en abundancia"

JUAN 10:10

Un bebé pasa nueve meses en el vientre de su madre convirtiéndose en la persona que Dios quiere que sea. En comparación con su vida fuera del vientre, ese tiempo de preparación es increíblemente corto. De igual forma, nuestras vidas aquí en la tierra son relativamente breves y con la intención de que sea un tiempo de crecimiento y preparación para la eternidad con Dios. Tú estás siendo cuidada para la vida eterna. Eso será verdaderamente vivir a la máxima medida.

Soledad

Estoy seguro de que…ni lo presente,
ni lo por venir, ni lo alto, ni lo
profundo, ni ninguna otra cosa creada
nos podrá separar del amor de Dios,
que es en Cristo Jesús Señor nuestro.

ROMANOS 8:38-39

No tienes que estar sola para sentirte sola.
Se trata de cómo estás conectada con los
que te rodean. Quizá estás en un lugar en
tu vida donde sientes que nadie te entiende
y que a nadie le importas. Este tiempo en
tu vida probablemente no durará mucho.
Harás conexiones y la soledad pasará, pero
hasta que eso suceda, recuerda que Dios ha
prometido estar ahí siempre disponible:
para escuchar, para consolar, para animar.
Él está tan cercano como tu oración.

Dios hace habitar en familia a los
desamparados; saca a los
cautivos a prosperidad.

Salmo 68:6

No es la voluntad de Dios que te sientas
sola o solitaria. Él ha hecho mucho
para incluirte en su familia y rodearte
de hermanos y hermanas espirituales.
Abre tu corazón y deja que Dios te ayude
a conectar con su pueblo. Descubrirás
que la comunión cristiana es mucho más
profunda que cualquier otra relación
que hayas tenido. Tiene permanencia
y variedad. Dios quiere enviar lejos tu
soledad. Permítele que te establezca
directamente en su familia.

Amor

Mas la misericordia de Jehová es desde
la eternidad y hasta la eternidad sobre
los que le temen, y su justicia sobre
los hijos de los hijos.

SALMO 103:17

¡Dios te ama! No es complicado ni
condicional; ¡es sólo un hecho! Nuestro
entendimiento humano no puede
comprender la razón ni el porqué, sólo que
es cierto. Por mucho que puedas querer
explicarlo, diseccionarlo, razonarlo,
simplemente no puedes. En vez de
envolverte en preguntas, envuélvete
en su amor. Deléitate en ello como
lo harías en un magnífico abrigo
de pieles. Dios no ha reparado
en gastos. Te ha dado lo mejor
que tenía para ofrecerte.

130

Un mandamiento nuevo os doy: Que
os améis unos a otros; como yo os he
amado, que también os améis unos a
otros. En esto conocerán todos que
sois mis discípulos, si tuviereis amor
los unos con los otros.

Juan 13:34-35

Dios te ama sin descanso,
completamente y a pesar de tus fallos o
defectos. Su mayor deseo es que le ames
de la misma forma. Él te pide, en primer
lugar, que le ames a Él y a los demás.
Cuando amas, muestras que eres su hija,
demuestras quién eres y de qué estás
hecha. Eso le agrada a tu Padre celestial
más que cualquier gran trabajo que
pudieras hacer por Él. Vive para agradarle
amando a otros.

Matrimonio

Honroso sea en todos el matrimonio.

HEBREOS 13:4

Desde que Dios colocó al primer hombre
y la primera mujer en el huerto de Edén, Él
ha respaldado y bendecido el matrimonio.
Salvo por los que han sido apartados —como
el apóstol Pablo— para la soltería, Dios
usa el matrimonio como una herramienta
para purificarnos. A través de él, Dios
nos enseña lecciones sobre la fidelidad,
la confianza, el amor, la humildad, el
servicio, la gentileza y mucho más. Es su
fuego purificador, así que razón de más
para proponerte en tu corazón vivir y crecer
dentro de los linderos de esta santa unión.

Porque tu marido es tu Hacedor;
Jehová de los ejércitos es su nombre.

ISAÍAS 54:5

Las mujeres se encuentran solteras todo el tiempo. Algunas están solteras por elección propia o como parte del plan de Dios para sus vidas. Puede que otras estén divorciadas o viudas. Si estás soltera por cualquier motivo, puede que te sorprenda saber que estás en una posición muy favorable. El Señor dice que Él es quien proveerá para ti y quien te defenderá. Puedes buscar en Él amor y compañía. Él es más fiel y sabio que cualquier esposo humano.

Naturaleza

Los cielos cuentan la gloria de Dios,
y el firmamento anuncia la obra de
sus manos.

Salmo 19:1

Mira afuera ahora mismo; aún mejor, sal
fuera. De día o de noche, no importa, tan
sólo mira a tu alrededor. Si vives en una
jungla de hormigón, alza tu vista al cielo.
Imagina por un momento la inmensidad
de la creación de Dios, la grandeza de todo
ello, y aún así, Él llama a la humanidad su
creación más espléndida; todo lo demás
lo creó sólo para beneficio de su
creación humana. Dios te valora
por encima de todo. Mira al cielo
y considera esto.

Jesús dijo: "Considerad los lirios
del campo, cómo crecen:
no trabajan ni hilan".

MATEO 6:28

Nuestro Dios se preocupa de los detalles.
Lo puedes ver en su creación. Cada especie
es única y cada criatura es única dentro
de su especie. Los seres humanos,
creados a su imagen y cada uno
de un tipo. Las flores y los árboles
inundados de color y refinamiento,
incluso los que crecen por las autopistas,
sembrados como si hubiera sido el
viento. Cuando te preguntes si Dios
está interesado en los detalles de tu
vida, considera la evidencia demostrada
en la naturaleza. Él se preocupa de todo,
sin importar lo intrascendente que sea.

Paciencia

Mejor es el que tarda en airarse
que el fuerte.

PROVERBIOS 16:32

Nuestro mundo electrónico no fomenta
la paciencia. Los proveedores de Internet
ofrecen cada vez tecnologías más nuevas
y rápidas, y lo que solía llevarnos días,
incluso semanas, ahora se puede hacer en
unos minutos. Sin embargo, no todo se
puede acelerar. Dios sigue haciendo cosas a
su manera y su tiempo, y a Él no le podemos
acelerar o intimidar. Él quiere fortalecer
y probar tu fe, así que cuando te sientas
impaciente esperando a que Dios se mueva
en tu favor, decide confiar en Él. Ríndete
a Él, porque puedes estar segura de que Él
conoce lo mejor.

Guarda silencio ante Jehová,
y espera en él.

SALMO 37:7

¿Te acuerdas de niña cuando esperabas
que llegara la mañana del día de Navidad
o para abrir tus regalos el día de tu
cumpleaños? "Tienes que esperar. Todo
llegará a su debido tiempo", decía tu mamá.
Dios no se apartará de ti para ser cruel o
para que entiendas algo, sino que Él ve el
cuadro general, y sabe el cuándo, el dónde
y el cómo adecuados. Así que no te afanes, y
espera, y verás lo que Dios te ha prometido:
a su debido tiempo.

Paz

Tú guardarás en completa paz a aquel
cuyo pensamiento en ti persevera;
porque en ti ha confiado.

ISAÍAS **26:3**

La paz es para el reino de Dios lo que el
oxígeno es para la atmósfera. Considerando
este principio, puede que te preguntes
por qué tan a menudo te sientes alterada y
ansiosa. Míralo así: aunque el oxígeno se
propaga por el aire a nuestro alrededor,
debemos respirarlo en nuestros pulmones
para que nos haga bien. Tú también tienes
que decidir dejar que Dios reine en
tu corazón; debes invitarlo a entrar,
y cuando le abras tu corazón,
sentirás esa paz.

Y la paz de Dios gobierne en vuestros corazones, a la que asimismo fuisteis llamados en un solo cuerpo.

COLOSENSES 3:15

A menudo Dios usa la paz como una forma de dar guía a sus hijos. Cuando estés orando por una decisión importante o una elección en la vida, deberías prestar mucha atención a la cantidad de paz que tienes con relación a ese asunto. En cualquier caso, no deberías actuar cuando veas que tu paz ha sido reemplazada por una sensación de ansiedad o desasosiego. Muévete en otra dirección hasta que regrese la paz, y verás como nunca te equivocarás si sigues la paz.

Poder

El da esfuerzo al cansado,
y multiplica las fuerzas al que
no tiene ningunas.

ISAÍAS 40:29

En tiempos de Jesús, las viudas y los
huérfanos eran los miembros de la sociedad
más desfavorecidos. Básicamente eran
desechados en una cultura donde las
mujeres no eran valoradas salvo a través de
sus maridos. Sin embargo, a estas mujeres
privadas del derecho de voto a menudo
se les menciona en el Nuevo Testamento.
Jesús dejó claro que había que tratarlas
con amabilidad y respeto, y que había que
cuidar de ellas. Él las elevó de su estatus de
menos que nada hasta una total aceptación
en el cuerpo de creyentes. Nunca serás
desechada si le perteneces a Él.

> [Sed] fortalecidos con todo poder,
> conforme a la potencia de su gloria,
> para toda paciencia y longanimidad.

COLOSENSES 1:11

No hay suficientes horas en el día para hacer el trabajo de una mujer. No es de extrañar que a menudo nos sintamos exhaustas y descontentas. La Biblia dice que hay un remedio para nuestra inacabable actividad. Él nos fortalece, nos capacita para proseguir y hacer nuestro trabajo. A veces, Él lo hace capacitándonos para decir "no" cuando debemos, para descansar cuando debemos, y para mantener nuestras vidas equilibradas. Pídele una transfusión para tu vida.

Alabanza

Mas vosotros sois linaje escogido, real
sacerdocio, nación santa, pueblo adquirido
por Dios, para que anunciéis las virtudes
de aquel [Dios] que os llamó de las
tinieblas
a su luz admirable.

1 Pedro 2:9

Tu vida es una canción de alabanza que se eleva
hasta Dios tu Padre. Él se goza en tu decisión
de tomar su mano y salir de la oscuridad
caminando hacia la luz. Es lo que tanto ha
trabajado para conseguir, por lo que envió a
su Hijo Jesús a vivir, y morir, y resucitar.
Tú eres su trofeo, su premio, la cierta
y segura recompensa de su gran
sacrificio. Cada vez que dices sí a
la vida, sí al amor, sí a los valores
eternos, le estás alabando a Él.

Te alabaré, oh Jehová, con todo mi
corazón...cantaré a tu nombre,
oh Altísimo.

Salmo 9:1-2

Tu vida es una forma de alabanza, pero
tus palabras de alabanza son más preciosas
si cabe para tu Padre celestial. Su
Espíritu Santo que vive en ti las lleva
directamente a su trono. ¿Por qué Él
aprecia tanto tus alabanzas? Porque,
a diferencia del resto de sus criaturas,
tus alabanzas no son algo innato, sino
expresiones libres de tu corazón. Tú le
escogiste cuando podías haber escogido
otras muchas cosas. Alza tu voz a Él,
porque le produce un inmenso gozo.

Oración

Sean conocidas vuestras peticiones
delante de Dios en toda oración y
ruego, con acción de gracias.

FILIPENSES **4:6**

La oración es sencillamente una
conversación con Dios. Qué gozoso
privilegio tenemos al poder hablar con
Él —Dios Todopoderoso— siempre que lo
deseemos. ¿Cómo podrías tener suficiente
de esos tiempos con Él? Ten un encuentro
con Él a menudo para hablar sobre tu
vida, cuéntale tus problemas y deja tus
preocupaciones a sus pies. Confiésale tus
pecados y recibe su perdón. Dile lo mucho
que le amas y lo agradecida que estás
de ser su hija. Él siempre está listo para
escucharte.

Entonces me invocaréis, y vendréis
y oraréis a mí, y yo os oiré; y me
buscaréis y me hallaréis, porque me
buscaréis de todo vuestro corazón.

Jeremías 29:12-13

¿Tienes alguna necesidad grande en
tu vida? ¿Algo con lo que has estado
lidiando y que no parece que encuentres
la respuesta? Dios dice que se lo lleves
a Él; no sólo una vez sino todas las que
sean necesarias. Sigue pidiendo, sigue
recordándole sus promesas. Igual que una
niña que pide una bicicleta nueva, no te
rindas. Busca a Dios y sigue buscándole.
Él te oye cada vez, y te recompensará por
tu persistencia y tu paciencia tras probar
tu corazón.

Presencia de Dios

Bienaventurado el pueblo que sabe
aclamarte; andará, oh Jehová,
a la luz de tu rostro.

Salmo 89:15

Cierra tus ojos e imagínate sentada en
la playa, con una cálida brisa acariciando
tu piel y el reconfortante sonido de las
olas rompiendo en la orilla. O piensa en
ti misma en un jardín, en el sonido de los
pájaros y las encantadoras fragancias en
cada dirección. Sitúate en cualquier lugar,
pero sabe que nada se puede comparar
con estar en la presencia de Dios.
Los tesoros del universo están
almacenados ahí, su amor te
rodea, y la paz fluye como un
hermoso río. Ven y disfruta.

Jesús dijo: "Donde están dos o tres congregados en mi nombre, allí estoy yo en medio de ellos".

MATEO 18:20

A Dios le encanta estar donde está su pueblo. Su Espíritu Santo mora en cada uno de ellos, pero cuando los creyentes se reúnen, sucede algo celestial: no sólo Él mora en ellos, sino que también llena la distancia entre ellos. En esa atmósfera, lo imposible se convierte en posible y el amor de Dios se hace manifiesto. Dios te insta a que te reúnas con otros creyentes regularmente, porque Él sabe lo que puede ocurrir si lo haces.

Prioridades

Teme a Dios, y guarda sus
mandamientos; porque esto
es el todo del hombre.

ECLESIASTÉS 12:13

Dios sabe lo ajetreada que es tu vida.
Mientras vas de tarea en tarea, acuérdate de
agarrarte del cordón dorado que te conecta
con Él. Él siempre está ahí a pesar de las
circunstancias, pero el cordón te recuerda
que está. Mantiene la conversación viva
entre los dos, y su amor, gozo y paz fluyen
hacia ti durante tu día. Dios debería ser tu
primera prioridad porque es a través de su
sabiduría y fuerza que puedes lograr las
demás.

Buscad las cosas de arriba, donde está Cristo sentado a la diestra de Dios. Poned la mira en las cosas de arriba, no en las de la tierra.

COLOSENSES 3:1-2

Los seres humanos podemos ser tremendamente cortos de vista, pero la persona que ve más allá de hoy y planea la eternidad tiene en mente tanto el presente como el futuro. Cuando aceptaste el sacrificio de Cristo por ti en la cruz y le pediste a Dios que perdonara tus pecados, tu futuro en el cielo fue sellado, pero la Biblia también habla sobre acumular tesoros en el cielo. Enfoca tus prioridades en esas cosas que son eternas en lugar de en las cosas que pertenecen sólo a este mundo.

Protección

Porque Jehová irá delante de
vosotros, y os congregará
el Dios de Israel.

ISAÍAS 52:12

Todas tenemos temores: temor al daño,
temor a perder un hijo, temor a quedarnos
solas, temor al fracaso. Cuando tus temores
se levanten y te amenacen con vencerte,
cuando te sientas enferma en lo profundo
de tu estómago y tu corazón te duela de
ansiedad, recuerda esto: Dios está contigo,
cada día, cada hora, cada momento.

Enfócate en Él, realmente enfocada,
y verás que tus temores no son
nada más que especulaciones que
se disipan en presencia de Él.

Jehová guarda a todos
los que le aman.

SALMO 145:20

Como cualquier padre amoroso, tu
Padre celestial te guarda en su constante
cuidado, sin apartar su vista de ti. No hay
razón para que tengas miedo, porque
Él está siempre contigo, listo para
afrontar cualquier cosa que venga
a tu camino. Él no te fallará. En
algunos casos, te advertirá con tiempo;
en otros, te apartará sobrenaturalmente
de cualquier situación peligrosa, y habrá
momentos en los que te sostendrá de su
mano mientras pases por el fuego. ¡Él
es tu Dios!

Provisión

Y poderoso es Dios para hacer que
abunde en vosotros toda gracia, a fin
de que, teniendo siempre en todas
las cosas todo lo suficiente, abundéis
para toda buena obra.

2 Corintios 9:8

Dios ha prometido cuidar de ti, pero
no termina ahí. Él quiere proveer para ti
de manera abundante, tanto que puedas
compartirlo con otros. Su provisión no
está limitada al dinero. Él es el proveedor
de todo lo que necesitas. Si necesitas
gozo, Él te dará suficiente para que
puedas compartirlo con otros; si necesitas
sabiduría, también está ahí para ti.
Cualquier cosas que tengas en tu lista,
pídeselo a Él, y luego ten confianza.

Jesús dijo: "Vuestro Padre sabe de qué cosas tenéis necesidad, antes que vosotros le pidáis".

MATEO 6:8

Dios quiere que tengas todo lo que necesitas para tener una vida magnífica, pero a veces oramos y las cosas no ocurren cuando las esperamos. Debes confiar en que el tiempo de Él es perfecto. Ninguna de nosotras vivimos en el vacío, y a veces tus peticiones requieren la implicación de otras personas, y puede que no estén listas para responder. No abandones, Dios responderá tu oración de una forma perfecta y en el tiempo perfecto.

Relaciones

Amaos los unos a los otros con
amor fraternal; en cuanto a honra,
prefiriéndoos los unos a los otros.

ROMANOS 12:10

El sacrificio definitivo de Jesús —entregar
su vida para que toda la humanidad pudiera
experimentar la vida eterna— demostró
una verdadera devoción. Su disposición
a ir a la cruz te dio la oportunidad de
experimentar una intimidad con Dios que
no estaba disponible antes. De igual forma
puedes honrar a otros con el mismo amor.

Esa fortaleza y poder de amar reside
dentro de ti. Dios te dio la capacidad
de mostrar su amor a todos los
que te encuentres. ¡Sé valiente!
¡Atrévete! ¡Ama como Jesús lo
hace! ¡Está en ti!

En todo tiempo ama el amigo.

PROVERBIOS 17:17

Tu familia ocupa un lugar prominente en tu vida, y lo mismo ocurre con tus hermanas y hermanos en el Señor. Ellos conocen tus mayores puntos fuertes y tus debilidades más íntimas, pero con una agenda diferente. La familia de Dios está para edificarte en el área de tus debilidades y extraer de ti en el área de tus puntos fuertes. Aunque a menudo es doloroso, es un proceso diseñado para hacerte fuerte y fructífera. Hay una gran recompensa en soportar la adversidad de las relaciones.

Renovación

Crea en mí, oh Dios, un corazón
limpio, y renueva un espíritu recto
dentro de mí.

Salmo 51:10

No hay dos copos de nieves iguales, no
hay dos puestas de sol exactamente iguales.
Tu Creador realiza una obra de arte con
cada trazo de habilidad que inspira, y tú no
eres distinta. Con cada toque de su mano,
con cada letra que lees en su Palabra, Él
cambia tu corazón y lo renueva, formándote
a su imagen. Te haces más semejante a
Él cada momento que pasas con Él. Tu
Creador hace nuevas todas las cosas, ¡y está
continuamente moldeando el tú perfecto!

Antes aunque este nuestro hombre
exterior se va desgastando, el
interior no obstante se renueva
de día en día.

2 Corintios 4:16

Tu relación con Dios está viva. Vive,
y respira, y requiera alimento para
sobrevivir. Parecido a los afluentes que
van a parar a lagos y ríos, tú pones de tu
espíritu en todo lo que haces. Cuando
das, puedes agotar tus reservas, y Dios
quiere que estés llena. Llénate renovando
tu espíritu y tu mente diariamente con su
Palabra y en su presencia. Tú eres un río de
agua viva portador de vida. ¡Llénate, vierte
y llénate de nuevo!

Respeto

La mujer agraciada tendrá honra.

PROVERBIOS 11:16

A medida que creces en Dios, comienzas
a demostrar su carácter y naturaleza en tus
pensamientos, actitudes y comportamiento.
A través de ti, su bondad se hace evidente
a otros, y su respeto por ti aumenta.
Esto ocurrirá no porque lo demandes,
sino porque es una respuesta natural a
la gloria de Dios. Por la misma razón,
debes respetarte a ti misma, desechando
pensamientos de inferioridad e
indignidad. Respeta la presencia y
la obra de Dios en ti.

El principio de la sabiduría es el
temar de Jehová.

PROVERBIOS 1:7

Los hebreos que cruzaron el Mar Rojo
tenían tanta reverencia por Dios, que nunca
pronunciaban su nombre en voz alta. Le
tenían gran respeto. Aunque tu relación
con Dios es muy diferente hoy día, aun
así Él desea que le respetes. Tú eres su
hija y Él te adora, y tú tienes el privilegio
de mostrarle tu admiración. Dale respeto a
través de tu alabanza y adoración, porque
Él quiere oírte —a su preciosa hija— ¡decir
su nombre!

Responsabilidad

Y todo lo que hagáis, hacedlo de
corazón, como para el Señor y
no para los hombres; sabiendo
que del Señor recibiréis la
recompensa de la herencia, porque
a Cristo el Señor servís.

COLOSENSES 3:23-24

A veces puede que sientas que tu duro
trabajo pasa inadvertido. Quizá te sientas
tentada a aflojar el ritmo como los demás,
diciéndote a ti misma que nadie se dará
cuenta. Dios conoce tu corazón. El que
sostiene el futuro en sus manos ve tu
fidelidad, y Él te ha confiado mucha
responsabilidad porque sabe que puede
contar contigo. Él te recompensará y te
llevará a un lugar de bendición. Espéralo y
cree que Él lo hará. ¡Dios te aplaude!

Y hay diversidad de ministerios, pero
el Señor es el mismo.

1 Corintios 12:5

Puede que sientas el peso de las
responsabilidades que te han sido dadas.
Dios hizo anchas tus espaldas para que
pudieras llevar todo lo que te ha asignado.
Acepta tu responsabilidad, sabiendo
que Dios te ha dado gracia para llevarla;
y cuando parezca demasiado pesada, Él
siempre está ahí para ayudarte. Él no
dejará que hagas sola lo que te ha pedido
que hagas; no te dejará caer bajo el peso, y
no te condenará por tropezar bajo la carga.
¡Él está ahí para ti!

Descanso

El amado de Jehová habitará confiado
cerca de él—lo cubrirá siempre, y
entre sus hombros morará.

DEUTERONOMIO 33:12

Cuando piensas en el descanso,
probablemente pienses en una siesta o te
imaginas metida en la bañera. Aunque
necesitas descanso físico, Dios quiere que
tu alma esté bien descansada y llena de
su presencia también. Lee versículos de
ánimo que edifiquen tu fe. Pasa tiempo
con Él en oración, y sentirás que has tenido
una buena siesta espiritual. Saldrás
descansada y fortalecida en tu
alma, a salvo de los asaltos del
día.

> Y reposó el día séptimo de toda la
> obra que hizo.

GÉNESIS 2:2

Muchas mujeres dedican cuarenta horas a la semana a un trabajo de tiempo completo y luego llegan a casa para cuidar del hogar y la familia. No te olvides de sacar tiempo también para ti. Si Dios descansó después de trabajar toda la semana, entonces es importante que te cuides. La lista de cosas por hacer puede esperar. Aprieta el botón de pausa y descansa tu mente, cuerpo y emociones. Eres preciosa y valiosa para Dios y para todos los que te aman. Tú lo vales. Toma un momento y relájate.

Recompensa

Sabiendo que el bien que cada uno
hiciere, ése recibirá del Señor.

EFESIOS 6:8

¿Has recibido alguna vez una recompensa
por un acto de bondad? Quizá devolviste
una billetera o te encontraste una mascota
que se había perdido. A menudo la bondad
de Dios pasa desapercibida. Él da con las
manos abiertas no esperando nunca nada a
cambio porque su motivación es el amor. Él
te amó lo suficiente como para darlo todo,
así que ahora tú puedes darle algo a Dios.
¡Conviértete en aquella que recompensará!
Dile que su gracia y su misericordia no han
pasado inadvertidas, y recompénsale con tu
alabanza y gratitud.

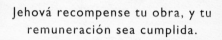

Jehová recompense tu obra, y tu
remuneración sea cumplida.

RUT 2:12

Quizá sientes que nadie aprecia las cosas
que haces por los demás: cocinar, limpiar,
una larga noche en la oficina. Tan solo
un gracias de vez en cuando sería una
recompensa suficiente. Pero alguien sí se
da cuenta de todo lo que haces. Tu Padre
celestial te está viendo aun cuando parece
que nadie te ve, y está orgulloso de ti y
aprecia todo lo que haces. Tú muestras el
amor y la vida de Dios a los que te rodean.
Ánimo; Dios es tu mejor recompensa.

Piedad

Y el efecto de la justicia será paz;
y la labor de la justicia, reposo y
seguridad para siempre.

ISAÍAS 32:17

Qué consuelo saber que Dios ha pagado
el precio de todos tus errores y te ha
declarado justa en base a la vida de su
propio Hijo sin pecado. Cuando el enemigo
venga a condenarte, la sangre de Jesús se
antepone entre tú y cualquier cosa de la
que el diablo te acuse. Jesús pagó el precio
y Dios te declara justa: sin culpa. Descansa
en la seguridad de que Dios está
de tu lado. Has sido limpiada de
cualquier cargo por la corte
suprema. Eres justa a los ojos de
Dios.

Mas la senda de los justos es como la
luz de la aurora, que va en aumento
hasta que el día es perfecto.

PROVERBIOS 4:18

Dios sabe adónde vas. Mientras caminas
por la senda hacia el propósito de Dios y su
plan para tu vida, la luz del amor de Dios
brilla más con cada paso, acercándote
cada vez más a Él. Cuanto más le
conoces, más rápidamente conoces su
voluntad y sus caminos, y puedes caminar
con más seguridad en fe hacia su causa
justa. Tus pasos son firmes porque tu
camino está bien alumbrado con la
bondad de Dios. Estás en el camino
correcto.

Sacrificio

Los sacrificios de Dios son el espíritu
quebrantado; al corazón contrito y
humillado no despreciarás tú,
oh Dios.

SALMO 51:17

No importa dónde hayas estado, Dios te
ama. A Él no le interesa tu pasado, sino que
quiere darte un increíble futuro. Tú fuiste
merecedora del sacrificio definitivo. Dios
dio todo lo que tenía por ti, a un gran costo.
Él te quiere más que a nada, eres el premio
por el que su Hijo Jesús estuvo dispuesto a
luchar y morir para restaurarte con tu Padre
celestial. Dale tu quebrantamiento. Es un
sacrificio que puedes permitirte.

Os ruego por las misericordias
de Dios, que presentéis vuestros
cuerpos en sacrificio vivo, santo,
agradable a Dios, que es
vuestro culto racional.

ROMANOS 12:1

Tú eres la mayor casa que se ha construido
nunca. El Rey de reyes desea establecer su
residencia en ti. Igual que tú esperarías
que se cuidara bien un palacio, deberías
cuidar así tu propio cuerpo. Escoger vivir
una vida pura y santa honra y glorifica
a Dios. Tu carácter y comportamiento
testifican de su residencia como la hierba
del palacio habla de la familia real y su
estatura. ¡Alégrate! Eres el templo del Dios
Altísimo.

Salvación

Porque [Dios] dice: En tiempo aceptable
te he oído, y en día de salvación te he
socorrido. He aquí ahora el tiempo
aceptable; he aquí ahora el día de salvación.

2 Corintios 6:2

La muerte de Jesús en la cruz fue el plan de Dios
para llevarte al cielo cuando se acabe tu tiempo
en la tierra, pero Dios tenía mucho más en mente
de lo que te puedas imaginar. La muerte de Jesús,
su sepultura y resurrección ofrecen libertad de
cualquier atadura que tengas. Dios no quiere que
te pierdas ninguna bendición. Déjale salvarte de
la preocupación, la adicción, la deuda, la
enfermedad y el dolor emocional. Cada
promesa que hay en el libro te pertenece.
No esperes para recibir su gran
salvación.

Y habiendo sido perfeccionado,
[Cristo] vino a ser autor
de eterna salvación para todos
los que le obedecen.

HEBREOS 5:9

Verdaderamente eres la mujer perfecta.
Puede que otros quieran sacar a la luz tu
pasado o señalar tus errores, pero
Dios te ha hecho perfecta a través de
Jesucristo. Tu vieja vida ha pasado
y todas las cosas son nuevas. Tienes un
nuevo comienzo, una pizarra limpia. Dios
no se acuerda de tu pasado. Cada pecado
ha sido olvidado en su mente. Olvídalo
en la tuya. Es un nuevo día con nuevos
sueños. Has recibido toda una nueva
vida. ¡Comienza a vivirla!

Satisfacción

Porque satisfaré al alma cansada, y
saciaré a toda alma entristecida.

JEREMÍAS 31:25

La satisfacción es el resultado de un
trabajo bien hecho. A veces tu expectativa
por las bendiciones de Dios te requiere
presionar un poco más fuerte y estirar tu
fe un poco más lejos para ver los resultados
que le has estado pidiendo a Dios. Puedes
estar segura de que todo tu esfuerzo será
recompensado. Dios promete satisfacer tu
alma; una profunda satisfacción que sólo Él
puede proporcionar. Él te ha dado el poder
de alcanzar tu destino, y no dejará que
fracases. ¡Sigue! ¡Sigue!

El [Señor] que sacia de bien tu boca
de modo que te rejuvenezcas como el
águila.

Salmo 103:5

La enorme riqueza del amor que Dios
tiene para ti le empuja a derramar sobre
ti su presencia y a acercarte a Él. El fresco
aroma que permanece tras una lluvia
de primavera es una invitación abierta a
descansar en su misericordia y su gracia.
El aleteo de las alas de un colibrí o la
mirada tierna desde la cuna de un bebé
envían un mensaje especial que expresa el
amable deseo de Él de satisfacer tu corazón
con todas las cosas buenas.

Seguridad

Por lo cual no resbalará jamás; En
memoria eterna será el justo...Su
corazón está firme, confiado en Jehová.

Salmo 112:6-7

Dios es tu refugio seguro para todas las
dificultades de la vida. Cuando las presiones de
la vida parezcan más de lo que puedas soportar,
aférrate de la estabilidad que encuentras sólo
en Él. Tú eres suya y estás segura. Él está listo
a recibirte con los brazos abiertos. La manta de
su amor y compasión están ahí para rodearte
y dar calidez a tu corazón durante las horas
más frías de la vida. Permanece bajo su
paraguas de protección durante las
tormentas. Refúgiate en Él; ¡Él es tu
santuario!

> Confía en Jehová, y haz el bien;
> y habitarás en la tierra, y te
> apacentarás de la verdad.

SALMO 37:3

A lo largo de la Historia, los edificios de las iglesias han servido como un lugar de santuario para que criminales y deudores escapasen de la ira de los que querían devolverles los males causados.

No podían ser tocados hasta que hubieran recibido un justo proceso y se les declarase culpables de sus delitos.

Jesús te ofrece asilo de igual forma. Él ha pagado incluso la pena de tus delitos.

La justicia de Dios que te fue dada es tu lugar seguro.

Autocontrol

Por tanto, ceñid los lomos de vuestro
entendimiento, sed sobrios, y esperad
por completo en la gracia que se
os traerá cuando Jesucristo sea
manifestado.

1 PEDRO 1:13

Hay momentos en la vida de cada mujer
en que sus emociones cobran vida por sí
mismas. Cuando esos momentos llegan a tu
vida, Dios quiere que camines por fe y no
por vista, siendo guiada por la confianza en
Él en lugar de por tus sentimientos. El don
del autocontrol te pondrá bajo la mejor luz de
Él y te impedirá que respondas neciamente.
Él está preparado para ayudarte a escoger el
autocontrol. Cree en Él porque Él cree en ti.

Pero nosotros, que somos del día,
seamos sobrios, habiéndonos vestido
con la coraza de fe y de amor,
y con la esperanza de salvación
como yelmo.

I Tesalonicenses 5:8

El autocontrol es la capacidad de controlar
tu propio comportamiento, especialmente
tus reacciones e impulsos. Sólo tú eres
responsable de tus elecciones, decisiones y
acciones. Dios te ha dado el Espíritu Santo
para ayudarte a vivir tu vida tal como fuiste
diseñada: de manera productiva y plena.
No importa lo que otros hagan o digan, tú
tienes el poder de hacer lo correcto. Dios te
ha dado todas las herramientas necesarias
para estar a la altura.

Servir a Dios

Reconoce al Dios de tu padre, y sírvele
con corazón perfecto y con ánimo
voluntario; porque Jehová escudriña los
corazones de todos, y entiende todo
intento de los pensamientos.

1 Crónicas 28:9

Quizá Dios no te ha llamado a ser misionera
o predicadora del evangelio; sin embargo, has
sido llamada a servir a Dios, y es mucho más
fácil de lo que crees. Es simplemente permitir
que Dios que está en ti haga aquello para lo que
te ha equipado. Si te gusta hablar, puedes ser de
ánimo. Si te gusta cocinar, quizá tienes el
don de la hospitalidad. Dentro de ti hay
bendiciones para otros esperando a
ser entregadas. Todos los días estás
sirviendo a Dios, exactamente como
Él lo planeó.

Jesús dijo: "Si alguno me sirve, sígame; y donde yo estuviere, allí también estará mi servidor. Si alguno me sirviere, mi Padre le honrará".

Juan 12:26

Servir a Dios no tiene límites. Hoy día las mujeres pueden servir a Dios de cualquier forma que deseen. Ningún llamado es demasiado grande o pequeño. Quizá estás criando a la siguiente generación —tus propios hijos— para servir a Dios. Quizá hablas a cientos de miles a través de libros o plataformas públicas. Que tu fe vuele y quite todo lo que te limite. Si sigues a Dios, Él hará que lo imposible sea posible. Cuando piensas que puedes, puedes.

Soltería

El soltero tiene cuidado de las cosas
del Señor, de cómo agradar al Señor.

I Corintios 7:32

Hay una época para todo en la tierra, y
eso incluye tu soltería. Ya sea que estés
soltera toda la vida o decidas un día casarte,
este es un tiempo especial, un tiempo en
el que eres libre para crecer, y aprender, y
acercarte más a Dios. La soltería está llena
de tesoros, y muchas solteras se los pierden
porque están enfocadas en el futuro.
Alégrate en el ahora, y observa lo que Dios
tiene preparado para ti hoy.

Cada uno tiene su propio don
de Dios, uno a la verdad de
un modo, y otro de otro.

1 Corintios 7:7

La sociedad puede añadir mucha presión
para que encajes en la norma de la vida
de casado. Cobra ánimo en quién eres
hoy, porque Dios tiene grandes planes
para ti ahora; ¡no sólo en el futuro! Él no
está esperando a que te cases para que
puedas cumplir tu destino. ¡Tu plan y
propósito en la vida eres TÚ! Puedes vivir
decididamente para Él hoy y confiar en que
Él se ocupará del mañana. Él te ha dado
todo lo que necesitas para vivir una vida
estupenda, ¿qué estás esperando?

Sueño

En paz me acostaré, y asimismo
dormiré; porque solo tú, Jehová,
me haces vivir confiado.

SALMO 4:8

Raramente, tu cuerpo fue diseñado
como unas baterías. Se acaba y hay que
recargarlo, y por eso el sueño es tan
importante. Tu cuerpo se apaga y alcanza un
punto en el que estás totalmente relajada.
Luego comienzas a repostar y reconstruir.
Es un momento de restauración para tu
cuerpo y tu mente. El Señor te ha prometido
la bendición de un dulce sueño.
Puedes relajarte y consolarte
sabiendo que Él nunca duerme
sino que vela por ti en todo
momento.

Yo me acosté y dormí, y desperté,
porque Jehová me sustentaba.

Salmo 3:5

El temor es lo contrario de la fe. A veces
viene disfrazado de preocupación o
desesperación, y muy a menudo intenta
robarte tu precioso sueño. La Biblia dice
que el amor echa fuera el temor y la fe
actúa por amor. Cuando te duermas,
piensa en lo mucho que Dios te ama.
Edifica tu fe recordando todo lo que Él
ha hecho por ti. Cuenta tus bendiciones
en lugar de contar ovejas, y luego
duerme tranquilamente en los brazos
protectores de tu Padre.

Discurso

El hombre se alegra con la respuesta
de su boca; y la palabra a su tiempo,
¡cuán buena es!

PROVERBIOS 15:23

Tus experiencias de la vida hablan de la
fidelidad y el amor de Dios, y Él quiere que
compartas lo que Él ha hecho por ti con
otros. Alguien ahí fuera puede que esté
luchando para dar el siguiente paso hace
el amor y el plan de Dios para su vida, y tu
puedes animarle compartiendo cómo Dios
te ayudó durante los momentos difíciles.
En el proceso, tu propia fe se fortalecerá.
Tú tienes respuestas. Sé valiente y atrevida.
¡Comparte!

Panal de miel son los dichos
suaves; suavidad al alma y medicina
para los huesos.

PROVERBIOS 16:24

Se hace referencia a las mujeres en
los libros de Historia por sus discursos
inspiradores y su ingeniosa sabiduría
que ayudó a una comunidad, una ciudad,
o una nación a vencer la crisis. En ese
momento tan sólo estaban compartiendo
una palabra de ánimo. Ese mismo Dios
que les inspiró vive dentro de ti, y tú
puedes ser de inspiración para tu familia,
amigos y compañeras de trabajo. Puedes
dar sustancia para las almas de quienes te
rodean. Tus palabras tienen poder.

Crecimiento espiritual

Por tanto, nosotros todos, mirando a
cara descubierta como en un espejo la
gloria del Señor, somos transformados
de gloria en gloria en la misma imagen,
como por el Espíritu del Señor.

2 Corintios 3:18

Cada día, lo sepas o no, estás creciendo en el
Señor, haciéndote cada vez más como
Él. Simplemente porque su Espíritu vive en
ti, estás siendo transformada desde dentro,
reflejando la gloria de Dios que brota desde
dentro de ti. Por eso a menudo sentirás un
codazo desde muy dentro de ti para tratar
con cierto asunto o para desechar un
pensamiento o comportamiento
negativo. Estás creciendo
literalmente en Dios. ¡Qué
maravilloso es eso!

Y esto pido en oración, que vuestro
amor abunde aun más y más en ciencia
y en todo conocimiento.

El Espíritu de Dios obra dentro de ti
para transformarte a su imagen, pero
debes hacer tu parte también. Tu tarea
es responder a la obra que se está
llevando a cabo en tu ser. Debes
renunciar al pecado, edificar tu
espíritu leyendo la Palabra de Dios, abrir
tu corazón a la sabiduría y el consejo,
y rendir tu vieja naturaleza para que
sea reemplazada por la nueva. Tu
crecimiento espiritual está diseñado
para ser una colaboración entre tú y
Dios. La obra a menudo es difícil, pero
aporta una gran recompensa.

Fortaleza

Jehová es mi fortaleza y mi cántico,
y ha sido mi salvación. Este es mi
Dios, y lo alabaré.

ÉXODO 15:2

En el universo, hay realmente una fuente
de fortaleza, y es Dios. Puede que otras sean
fuertes por ti, a tu favor, pero no pueden
impartirte esa fuerza. Cuando invitas a Dios
a llenar tu corazón y tu vida, eres fortalecida
desde tu interior. Su fuerza literalmente se
convierte en tu fuerza. Eres capacitada para
hacer, para permanecer firme, para luchar,
para vencer. Si Cristo está ahí, no necesitas
salir de ti misma para buscar esa fuerza.
Busca dentro de ti y encontrarás todo lo que
necesitas.

Todo lo puedo en Cristo
que me fortalece.

Filipenses 4:13

Probablemente estés más ocupada que
nunca, haciendo más de lo que nunca has
hecho. Quizá te sientes agotada: física,
mental y emocionalmente. Dios te ha
dado fuerza para tus días, incluso para
los más duros, porque Él es la fuente de
la que puedes sacar cuando te sientes que
tu suministro se está agotando. No tienes
que ir sola por la vida. Cuando le buscas,
Él siempre está ahí, listo para refrescarte.
Busca momentos tranquilos en los que
sumergir tu alma en su suministro.
Saldrás fortalecida y renovada.

Éxito

Pero la sabiduría es provechosa
para dirigir.

ECLESIASTÉS 10:10

Dios tiene grandes planes para ti. A veces
tus propios planes pueden sonar más
aventureros o incluso más lucrativos de lo
que Dios tiene para ti; pero recuerda que
Él todo lo ve y todo lo sabe: de comienzo a
fin. Él sabe el mejor camino a tomar para
llevarte a tu destino. Él ve los obstáculos
en el camino, Él ve lo eterno y lo físico.
Acepta el futuro que Él tiene para ti y serás
una auténtica historia de éxito.

No que seamos competentes por
nosotros mismos para pensar algo
como de nosotros mismos,
sino que nuestra competencia
proviene de Dios.

2 Corintios 3:5

Dios te creó para el éxito, pero nunca
planeó que lo adquirieras sola. Quizá
experimentes una pequeña medida
de éxito aquí y allá por tu propio
esfuerzo, pero imagina dónde puedes
ir en Dios. El verdadero éxito viene
cuando estás dispuesta a decir: "No se
trata de mí, sino de ti Señor". Entonces
Él es libre para llevarte a un nivel al
que sólo puedes llegar con su fuerza
y su poder impulsándote. Entonces
descubrirás el éxito duradero en Él.

Agradecimiento

Aclamad a Jehová, porque
él es bueno; porque su misericordia
es eterna.

1 Crónicas 16:34

Cada una de las cuatro estaciones —otoño, invierno, primavera y verano— demuestra la gratitud de la creación a Dios por un trabajo bien hecho. Los árboles se postran ante el cielo cuando sus hojas caen al suelo. Los brillantes copos de nieve hablan de la majestad de Dios. Las flores de cada clase se postran ante la gloria de Dios en primavera, y el verano calienta ante el rubor de todas las bendiciones que Dios tiene para ofrecer. ¿Qué ha hecho Dios por ti? Toma un momento y expresa tu agradecimiento a Él a tu manera.

Mas gracias sean dadas a Dios, que nos
da la victoria por medio de nuestro
Señor Jesucristo.

1 Corintios 15:57

Qué maravilloso dador es el Dios al que
servimos. Él está en pie con una mano
extendida, listo para darte los deseos
de tu corazón. Toma un momento para
darle gracias por los mayores regalos, los
increíbles gozos que has experimentado,
e incluso las pequeñas cosas que sabes
que Él lleva a cabo para bendecirte de
maneras inesperadas. Comparte con Él lo
mucho que Él significa para ti. Exprésale
tu agradecimiento. Él es digno de tu
agradecimiento.

Pensamientos

En la multitud de mis pensamientos
dentro de mí, tus consolaciones
alegraban mi alma.

SALMO 94:19

Tus pensamientos producen tus actitudes
y comportamientos: tus acciones. Estas
son, de todos tus bienes físicos, los más
poderosos. Tu Padre celestial quiere que
dirijas tus pensamientos hacia la vida y la
bendición. La Biblia dice que pensemos
en las cosas que son puras, honestas,
verdaderas, virtuosas, buenas y de buen
nombre. Cuando controlas tus
pensamientos, no pueden ser
usados por el enemigo de tu
alma para hacerte daño. Tus
pensamientos te ayudarán a ser
libre en cada aspecto de tu vida.

Llevando cautivo todo pensamiento a
la obediencia a Cristo.

2 Corintios 10:5

Dios te dio una mente creativa llena de
una increíble capacidad para pensar y
razonar. Tus pensamientos son el punto
de partida de cada decisión que tomas y
cada acción que emprendes. Tu buen
Padre celestial te dio las pautas en
su Palabra para ayudarte a decidir
la dirección que debieran tomar tus
pensamientos. Él te creó para cumplir
cada sueño que Él puso dentro de ti.
Piensa más alto; la manera de pensar
de Él produce paz, salud, prosperidad,
sabiduría y muchas bendiciones.

Confianza

Fíate de Jehová de todo tu corazón,
y no te apoyes en tu propia prudencia.

PROVERBIOS 3:5

Los miembros de un equipo tienen que confiar los unos en los otros para tener éxito en sus esfuerzos. Tienen que tener un cierto nivel de confianza en el otro y en sus capacidades para ayudarles a tener éxito. Dios confía lo suficiente en ti como para ponerte en su equipo eterno. Él tiene confianza en ti porque sabe que puedes hacer todo a través de Cristo, el cual te fortalece. Él te escogió para estar junto al capitán de tu equipo, Jesús, ¡y para salir a ganar!

Todo aquel que en él [Dios] creyere,
no será avergonzado.

ROMANOS 10:11

Cuando miras atrás en el viaje que has emprendido, recuerda las veces en que pusiste tu esperanza y confianza en Dios. El resultado puede que no fuera exactamente como lo habías imaginado, pero Dios siempre es fiel para hacerte salir. Cuenta cada bendición que Él te ha dado durante el camino, y considéralas trampolines hacia un nivel más alto de confianza. Cualquier cosa que estés afrontando hoy, puedes estar segura de que sus bendiciones no se detendrán. Él caminará contigo, durante cada paso del camino.

Verdad

Siguiendo la verdad en amor,
crezcamos en todo en aquel que es la
cabeza, esto es, Cristo.

EFESIOS 4:15

Las palabras acaloradas realmente estresan
las relaciones. Una mentira piadosa puede
parecer más fácil de digerir que la pura
verdad de una situación, pero Dios te ha
bendecido con la ayuda de su Espíritu Santo
para llevar la verdad a la vidas de los demás.
Él conoce sus corazones y las palabras que
se deberían decir para acercarles más a Dios
y a ti. La verdad mezclada con amor
es un rico tesoro, y cuando rebosa
en tu corazón, se convierte en un
hermoso regalo para los que te
rodean.

Jesús dijo: "y conoceréis la verdad,
y la verdad os hará libres".

Juan 8:32

Jesús es la verdad. Al igual que el oro de
24 quilates es oro puro —sin impurezas—,
Jesús es verdad pura. La luz y la vida de Dios
vive en ti; por tanto, la bendición de la
verdad está siempre disponible para
ti, ayudándote a saber y discernir lo
que es bueno y correcto para tu vida.
Jesús nunca prometió que tu caminar
sería fácil, pero ha prometido no dejarte
nunca. La verdad siempre está contigo,
y puedes clamar a Él en cualquier
circunstancia para alumbrar tu
camino.

Espera

Esforzaos todos vosotros los que
esperáis en Jehová, y tome aliento
vuestro corazón.

SALMO 31:24

Dios te espera. Tú eres el fruto precioso
de la tierra, y como el labrador espera
la cosecha, Dios está esperando por ti.
Imagina lo que debe de ser para Él esperar
que crezcas, edificando tu confianza en
Él. Él te ofrece comida espiritual y agua,
creyendo que echarás raíces y te harás
fuerte y segura en su Palabra y en tu
relación con Él. Y para Él, tú bien vales la
espera.

Pero si esperamos lo que no vemos,
con paciencia lo aguardamos.

ROMANOS 8:25

Esperar finalmente produce bendición
tras un tiempo de transición. Considera
una mujer con dolores de parto esperando
el nacimiento de su bebé. No se sienta
tranquila; está experimentando una labor
activa. Está trabajando duro durante la
transición. Qué emocionante saber que
aquello por lo que le has pedido a Dios
está de camino. A la vez que Dios trabaja
tras el telón para producir todo lo que tú
estás esperando, tu fe está trabajando
preparándose para la llegada de su
bendición.

Totalidad

Y el mismo Dios de paz os santifique por
completo; y todo vuestro ser, espíritu,
alma y cuerpo, sea guardado irreprensible
para la venida de nuestro Señor Jesucristo.

I Tesalonicenses 5:23

Los seres humanos —y especialmente las
mujeres— somos excepcionalmente complejos.
Las emociones del alma juegan con las actitudes
de la mente y juntas impactan el cuerpo, el
cual responde con intensidad para afectar a las
emociones y establecer las actitudes. Por eso es
importante estar totalmente rendida a Dios.

Debes nutrir y alimentar cada aspecto
de lo que tú eres. Pídele a Dios que
establezca armonía en tu vida, mente y
alma conforme a los caminos de Dios
y un cuerpo que refleje paz interior.

Y [Jesús] le dijo: Levántate, vete; tu fe
te ha salvado.

Lucas 17:19

Estar completo es una cuestión de fe; no
necesariamente fe en que Dios va a tocarte
aquí y ahora, sino una fe de que tendrás
una integridad de espíritu, mente y
cuerpo al rendir todos los aspectos
de tu ser a Él y comenzar a servirle.
Dios raramente quita nuestras
limitaciones antes de que comencemos a
recorrer el camino. En su lugar, caen al
suelo según nos disponemos a andar por
el camino. Pídele a Dios que te haga
estar completa —totalmente—, y luego
comienza a vivir tu vida al máximo.

Sabiduría

Porque Jehová da la sabiduría,
y de su boca viene el conocimiento
y la inteligencia.

PROVERBIOS 2:6

¿Alguna vez has tenido ese sentimiento profundo en tu ser de que deberías —o no deberías— hacer algo? El Espíritu Santo mora en ti, y está listo para darte la sabiduría que necesitas para tomar buenas decisiones en tu vida. Si estás escuchando, le oirás, pero Él es un caballero, y no gritará ni te obligará a que oigas lo que tiene que decir. Cuando más confíes en su guía, más crecerás en sabiduría.

El principio de la sabiduría es el temor de Jehová; buen entendimiento tienen todos los que practican sus mandamientos; su loor permanece para siempre.

SALMO 111:10

Cuando te encuentras en un apuro, no tienes que arreglarlo tú sola. Dios tiene respuestas a las preguntas que tienes, y puedes encontrar sabiduría en un versículo que Él te mueva a leer, o en una idea en una conversación con una amiga. Necesitas su sabiduría cada día. Dios está listo para ayudarte, así que lo único que tienes que hacer es pedirle ayuda y luego escuchar la respuesta. Ten ánimo; Dios tiene todas las respuestas que necesitas.

Trabajo

El alma de los diligentes
será prosperada.

PROVERBIOS 13:4

Independientemente de si trabajas en una
oficina, o en tu hogar, o en una oficina en
tu casa, cada mañana cuando abres tus ojos
tienes un trabajo que hacer. Dios se agrada
cuando te aplicas diligentemente a la tarea
que Él te ha dado. Puede que sea un trabajo
placentero, o puede que no; pero tanto si es
como si no, míralo como un regalo que le
haces a tu Padre celestial por el día. Hazlo
como si Él estuviera viendo cada paso
que das porque, de hecho, lo está.

Dulce es el sueño del trabajador.

ECLESIASTÉS 5:12

Podría ser que Dios te hubiera pedido
que trabajaras en una oscuridad
relativa, donde nadie te viera o supiera
lo diligentemente que trabajas. A veces
te preguntas si realmente importa lo que
haces; sí importa. Dios no te olvidará.
Él será tu compañero día tras día, y te
recompensará un día delante de todos.
Trabaja, hija de Dios. Duerme bien por la
noche sabiendo que Dios se agrada de ti.

Índice bíblico

Antiguo Testamento

Nuevo Testamento

1 Corintios

2 Corintios

Notas

Notas

Notas

Notas

Notas

Notas

Notas

Notas